TAKUETSU PLANT
DESIGN METHOD

スマート
ファクトリー
構築ハンドブック

50の
イメージセルが
ものづくりDXを
具体化する

毛利 大／神山洋輔［著］
日本能率協会コンサルティング［編］

日本能率協会マネジメントセンター

● はじめに

Practical Initiative と Practical Insight で DX の実現を

　1992 年に日本でインターネットサービスが始まって以来、ネットワーク性能は劇的に向上しクラウド化も進展しました。今やこれら各種のデジタル技術は、多くの新しい価値を生み出しながら、産業や地域に構造的なレベルでの変革をもたらしつつあります。

　一方、こうしたデジタル技術の進化のスピードは幾何級数的と言われるほど目覚ましく、新しいプラットフォームやサービスが生まれては、アップグレードを繰り返しながら進歩しています。

　企業は、これらのデジタル技術あるいはサービスを適切に活用しつつ、従来のビジネスモデルを問い直し、組織や業務そのものを変革しながら新たな価値を生み出していくことが求められる時代になりました。

　このような背景の中で、"ユーザー"にとっては、多様なプラットフォームやサービスに振り回されることなく、自社にとっての最適な選択を行い、そして使いこなすスタンス = Practical Initiative が一層重要になってきたといえるでしょう。

Practical Initiative
―― 実現したい未来のために、イニシアチブをもって実践する

　また従前より、"考える現場力"が日本企業の強みだと言われています。その強みを活かし、経営者レベル、マネジャーレベル、そして社員一人ひとりの日常やそれぞれの立場で、現在と将来に何が課題となるのかを洞察できること、これがデジタルトランスフォーメーション（DX）を成功に導く大きな力となると考えます。デジ

タル技術をおそれることなく、Practical insight ＝実践でつかんだ
知を重ねることで、不確実な未来を切り拓くことができるのです。

Practical Insight
── 実現したい未来のために、洞察力を高めて実践する

　デジタル技術を適用した変革テーマは、ビジネスモデルなどの事
業戦略レイヤーから現場の改善レベルまで、あらゆる場面に転がっ
ています。
　スマートファクトリー構築によって、何を実現したいのか、そ
のために何をしていくべきか。Practical Initiative と Practical
Insight をもって描いていくことの重要性を、本書を通じてお伝え
したいと考えます。

本書の構成
　デジタルテクノロジーの教科書は山ほどありますが、どこにどの
ように導入していけばよいかを示してくれる教科書はありません。
本書はそうしたニーズにお応えするものとして執筆しました。生産
現場だけではなく、ものづくり全体を俯瞰したうえで、生産戦略直
結のスマートファクトリー構築を具体化する。そのためのフレーム
ワークとプロセスを、実践事例を交えて記載しました。
　本書は、日本能率協会コンサルティングが、お客様のDX関連テー
マをともに検討する過程で考案した5つのデジタル化推進メソッド
（**図表中の❶～❺**）をコアとして構成しております。
　まず第1章は序章として、戦後から現在に至るまでのものづくり
の変遷と環境変化、昨今のデジタル技術の進化について振り返り、
スマートファクトリーとは何か、についても軽く触れます。
　第2章で紹介する**イノベーショントライアングル**は、JMACが

図表　本書の構成

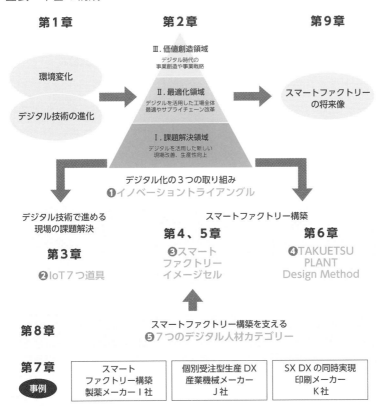

実施している「ものづくりDX実態調査」をもとに各社のデジタル化の取り組み方向性を階層化したものであり、このイノベーショントライアングルを中心として、ものづくりのデジタル化のアプローチについて、第3章以降で詳述します。第3章では、イノベーショントライアングルの最下層にあたる「課題解決領域」へのアプローチについて、IoT7つ道具の活用を中心に紹介します。そして第4～6章を割いて、本書の主題である「スマートファクトリー構築の進め方」について、コアコンセプトであるJMACスマート

ファクトリーイメージセル、イメージセルを活用した TAKUETSU PLANT Design Method を詳説します。第7章では3つの特徴的な事例を紹介し、第8章ではそうした取り組みを支える、7つのデジタル人材カテゴリーとその育成について触れます。最後にスマートファクトリーの将来像と1つの可能性について簡単に触れます。

　描かれるスマートファクトリーは、貴社の置かれた環境や事業特性、ポジションによって他社とは異なるはずです。本書が事業規模の大小や業種を問わず、経営者から現場のライン監督者まで、デジタルで自社のものづくりを変えていきたいと思われているすべての皆様の一助になりましたら幸いです。

2022年4月

日本能率協会コンサルティング

デジタルイノベーション事業本部 本部長　**毛利 大**

● スマートファクトリー構築ハンドブック　目次

はじめに

第1章

製造業を取り巻く
環境変化と課題

1 ものづくりに支えられて成長した わが国の経済活動とその変遷

　明治の近代化以降、日本経済は「ものづくり」に支えられてきました。20世紀に入ってからは、その流れにますます拍車がかかりますが、ここではまず、太平洋戦争後から今日に至るまでのものづくり産業とその変遷や環境変化について、ざっと振り返ってみましょう。

(1) 高度経済成長期　1960 ～ 70 年

　太平洋戦争によって荒廃した国土の復興の象徴としてよく語られるのが 1960 年代から 70 年代にかけての高度経済成長です。多様な分野で画期的な製品が次々に開発・生産され、それらが国内で大量に消費されるとともに海外にも輸出され、性能、価格ともに優れた評価を獲得し高い競争力を有するようになっていきます。

(2) プラザ合意からバブル経済　1980 ～ 90 年

　1980 年代に入っても内需と輸出の拡大は続き、多くの企業は海外に生産拠点を移すようになっていきます。この間、1970 年代の二度の石油危機、1985 年のプラザ合意以降の円高の進行、いわゆる通商摩擦といった逆風にさらされるものの、生産現場の工夫と改善で乗り切り、国際的にも高い競争力を維持し続けます。戦後から 1980 年代にかけて、ものづくり産業は大きく飛躍し、わが国を経済大国として成長させる大きな原動力となっていくのです。

(3) リーマンショック、災害・感染症リスクの顕在化　1990～2020年

　しかし、1990 年代に入り、バブル経済が崩壊すると、以降は長

い低迷期が訪れます。内需は頭打ちとなり、最終製品の国内生産が減少する一方で海外での現地生産が拡大し、国内産業の空洞化と言われる現象が進行していきます。その過程では、競合する製品同士の機能や品質面の差がなくなるコモディティ化や、新興国の台頭などによって、激しい価格競争が引き起こされ、しだいに高い競争力を維持できなくなっていきます。さらに少子高齢化による就労人口の減少、産業構造の変化による就労人口に占めるものづくり人材の減少に加えて、21世紀に入ってからは、2008年のリーマンショック、2011年の東日本大震災、そして2020年春から始まった新型コロナウイルス感染症の拡大といった不測の事態も、日本経済やものづくり産業が大きな変化をもたらす要因になりました。

このように、ものづくり産業を取り巻く環境は時代とともに不確実性を伴いながら変化を続けています。最近、顕著になってきている課題について、もう少し掘り下げて考えてみたいと思います。

図表 1-1　国内外の環境変化に伴うものづくり産業の変化

	日本の経済成長率（平均）	最終製品（例:自動車）	部品・装置　高い競争力を有した時期
1960年代	10.4%	国内での開発・生産が中心＋輸出の拡大	●最終製品の国内生産向けを中心に生産
1970年代	5.2%		
1980年代	4.4%	〔プラザ合意〕内需拡大　輸出の拡大＋現地生産の始まり（1986年:トヨタ米国工場設立）　〔通商摩擦〕	
1990年代	1.5%	内需の頭打ち　輸出の拡大＋現地生産の拡大	●最終製品の海外展開が進む中で、海外で作れない部品などを日本から輸出●最終製品メーカーに追随して徐々に海外展開が進行
2000年代	0.6%	〔リーマンショック〕国内生産の減少（内需減少　輸出減少）＋現地生産　〔円高〕	●海外で作れない部品などを日本から輸出。ただし、海外展開の進展に伴い、日本から輸出する部品などは減少（部品などの現地調達化）●部品などによっては、納入先が海外の最終製品メーカーとなることも次第に増加（例:エレクトロニクス）
2010年代	1.9%		

（出所：2013年版「ものづくり白書」）

製造業を取り巻く環境変化と課題

1

11

2 日本製造業の課題と、解決のカギを握るデジタル技術

(1) 経済価値と社会価値の両立を実現する、ものづくりシステムの必要性

18世紀後半の産業革命以降、人類は便利で豊かな生活を手にする半面、気候変動をもたらす環境破壊や先進国と途上国の経済格差拡大など、地球規模での社会課題を抱えるようになります。

こうした社会課題解決の方策については長らく各国で論じられてきましたが、2015年に国連が「**持続可能な開発目標**」（Sustainable Development Goals：SDGs）を定めたことを契機に、新たな方向性が見いだされます。2020年代を迎えてSDGsの考え方が広く一般層にまで浸透するにつれて、企業はこれまでのような経済価値の追求だけでなく、社会課題の解決に真剣に取り組む姿勢が求められるようになっていくのです。

わが国のものづくりの現場においても当然、従来型の利潤や効率性の追求だけでなく、様々な原材料の調達方法や廃棄物の削減、人の働き方に十分配慮した職場設計、余分なエネルギー消費の抑制とCO_2の排出削減といった、SDGsや社会課題の解決を視野に入れた取り組みが求められています。これは、「**経済価値と社会価値を両立するものづくりシステムの構築**」をめざすという使命の付与と捉えることができますが、実現には「**デジタル技術**」がそのカギを握ると考えられます。いくつかの課題を例に挙げながら、その可能性を考えてみたいと思います。

①自然災害を始めとする予期せぬリスクへの備え

「地震大国」とも言われるわが国では、直近30年だけでも1995

年の阪神・淡路大震災、2004年の新潟県中越地震、2011年の東日本大震災、2016年の熊本地震など甚大な被害をもたらす地震災害に見舞われています。また、地球温暖化に起因する大規模な風水害の発生など、大規模かつ多様な形での自然災害が人々の生活基盤を脅かしています。さらに、2020年春頃から始まった新型コロナウイルス感染症によるパンデミックは、世界的規模で経済を混乱させ生活様式を一変させるほどのインパクトを与えました。

　ものづくり企業にとっても自然災害やパンデミックの影響は大きく、工場そのものが受ける物理的な被害による操業停止、部材供給の遅延、サプライチェーンの寸断によるメイン工場の操業停止などのダメージを被っています。日本の製造業のお家芸ともいえる「ジャストインタイム生産」は、材料や部品を必要なタイミングで必要な量だけ供給し、無駄なものをつくらないという生産方式ですが、ジャストインタイムというサプライチェーンネットワーク上に構築された緻密で強固な生産システムさえも、その方向転換を余儀なくされるという事態に陥っているのです。

　実際、自動車製造販売各社は、2021年9月に従来の「持たざる経営」から一部軌道を修正し、取引先に部品・材料の一定量の在庫を確保することを要請したと発表しました（2021年9月16日、日本経済新聞朝刊記事「自動車『持たざる経営』転機」）。この背景には、上述のようなリスク対応や長引くコロナ禍によるステイホームとテレワークの拡大によって、デジタルデバイスの需要が急速に高まり、半導体の供給が追いつかなくなっているといった事情があるのは言うまでもないでしょう。

　自動車業界に限らず、製造業の現場ではBCP（Business Continuity Plan：事業継続計画）の観点からも、災害などが発生した後の速やかな生産活動の再開やサプライチェーン再構築と、そのコントロールが問われています。このような重要課題においても、

サプライチェーン上のものの動きをリアルタイムに把握し、トラブルが生じた際に即座にアクションを起こせる仕組みの構築など、**デジタル技術によるブレークスルー**が期待されているのです。

図表 1-2　部品・素材の安定調達に向けた動き

トヨタ	一部の取引先に半導体在庫を 5 カ月程度まで積み増すよう要請
日産	半導体在庫を 3 カ月分に積み増し検討。複数メーカーに並行発注
ホンダ	生産・販売が好調な地域の車に優先して半導体を振り分け
独 VW	半導体メーカーと 1 年以上の長期契約
米テスラ	米国でリチウムの採掘権益を確保

(出所：2021年9月16日、日本経済新聞朝刊)

②少子高齢化社会におけるものづくりの継続（働き手の確保）

　「日本の将来推計人口（平成 29 年推計：国立社会保障・人口問題研究所）」によると、日本の総人口は 1900 年の 4780 万から急激に増加し続け、2008 年に 1 億 2808 万人とピークを迎えました。しかし、これを境に一転減少カーブに転じ、2040 年にはその 84%、2070 年には 59%、2100 年には約 40%（4950 万人）まで落ち込むと推計しています。なかでも生産年齢人口（15 歳〜 64 歳）は 1997 年に8726 万人に達しましたが、2015 年には 7728 万人にまで減少。2040年には 6000 万人（約 77%）、2065 年には 4529 万人（58%）まで落ち込むと推計しています（**図表 1-3**）。

　これを製造業に置き換えると、生産人口が 77% まで目減りする2040 年、現在の生産体制を維持するには単純に労働生産性を 30%以上向上させる必要があるという計算になります。こうした労働力の確保は製造業全体の課題といえますが、特に中小企業にしわ寄せが行きやすく、今まで以上に深刻な課題となるであろうことは容易

に想像がつきます。

　これを解決するための方策としては、ロボティクスによる自動化、国外からの労働力の受け入れ、人材の早期戦力化など様々なことが考えられますが、ここでの決め手もまた**デジタル技術が担う部分が大きい**とされています。

図表 1-3　年齢 3 区分別人口の推移

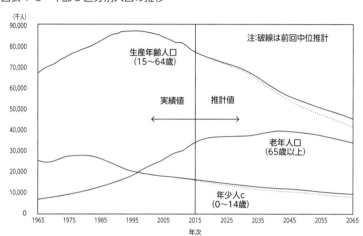

（出所：国立社会保障・人口問題研究所「日本の将来推計人口（平成 29 年推計）」）

③顧客ニーズの多様化

　大量生産・大量消費の時代から、一人ひとりのニーズに応えるマスカスタマイゼーションや多品種少量生産へのシフトも顕著です。ものづくりの現場が生産効率を落とさずに、このようなニーズに応えるためには、顧客や消費者のインサイトに迫るマーケティング情報やそれを管理・分析する仕組みづくりが必要で、そこではデジタル技術の応用が欠かせません。

　また、従来の製品は基本的には売り切りで、消費者の手元に届いたら終わりでしたが、製品にソフトウェアやセンサーを組み込むことでスマート化し、そこから得られるビッグデータをもとに購入済

みの製品をアップデートするという「アフターサービス」もカギに
なるでしょう。

(2) 科学技術の進歩と第 4 次産業革命、そして Society5.0

　ここまで、昨今の社会課題やものづくり現場の様々な課題解決に
は、デジタル技術がカギを握るであろうということを述べてきまし
たが、今日のデジタル技術のベースは、21 世紀に入ってから加速
した IT 技術の進展にあります。1990 年代後半から普及しはじめた
パソコンや携帯電話は、2020 年代には、IoT の進展とも相まって
それなしにはビジネスも生活も成り立たないまでに私たちの日常に
深く浸透しています。

　こうしたなかで、「第 4 次産業革命」「インダストリー 4.0」と呼
ばれる最初の大きな動きがドイツから始まりました。日本と同様に
ものづくり大国であるドイツは、2013 年 4 月、政官財が一体となっ
てものづくりのスマート化、デジタル化を、大企業だけでなく中小
企業にまで含める形で推進する姿勢を打ち出したのです。

　ちなみに、第 2 次産業革命は 20 世紀初頭の分業に基づく電力を
用いた大量生産、第 3 次産業革命は 1970 年代初頭からの電子工学
や情報技術を用いた一層のオートメーション化のことを指します。

　また、内閣府はこうした科学技術の進化と英知で成し遂げた「情
報化社会」を Society4.0 と位置づけ、さらにその先の Society5.0 で
は、サイバー空間と現実社会を融合させ、人間中心の強靭で持続可
能な社会の実現を掲げています。そこでは、自動運転の実現、ロボ
ティクスの有効活用、ドローンによる物資運搬、農業の自動化、場
所を選ばぬ医療提供、災害情報の共有といった社会が描かれていま
す（**図表 1-4**）。

　Society5.0 の実現や、社会課題の解決に欠かせないデジタル技術
や DX の要となる代表的なものとしては、IoT、ビッグデータ、ク

ラウド、AI、ロボティクス、5G、6G などの次世代通信技術が挙げられます。本書の主要テーマであるスマートファクトリーも、こうした技術をいかに取捨選択しながら自社にとっての最適化された工場を描き実装できるかがポイントとなります。そこで、これら代表的技術について、簡単に触れておきましょう。

図表 1-4　Society5.0 で実現する社会

| これまでの社会 |
| 必要な知識や情報が共有されず、新たな価値の創出が困難 |

IoTで全ての人とモノがつながり、様々な知識や情報が共有され、新たな価値がうまれる社会

| これまでの社会 |
| 少子高齢化や地方の過疎化などの課題に十分に対応することが困難 |

少子高齢化、地方の過疎化などの課題をイノベーションにより克服する社会

Society 5.0

AIにより、多くの情報を分析するなどの面倒な作業から開放される社会

| これまでの社会 |
| 情報があふれ、必要な情報を見つけ、分析する作業に困難や負担が生じる |

ロボットや自動運転などの支援により、人の可能性がひろがる社会

| これまでの社会 |
| 人が行う作業が多く、その能力に限界があり、高齢者や障害者には行動に制約がある |

（出所：内閣府ホームページ）

①IoT、ビッグデータ、クラウド

　IoT（Internet Of Things）とは、インターネットを介して、ヒトとモノ、そしてモノとモノがつながることです。すべてのものがインターネットにつながることで、その情報をもとにして様々な場面で利便性が生まれ、ビジネスの可能性も広がっています。生活に身近なものでは IoT 家電と呼ばれる製品群、家の照明やエアコン、音楽プレーヤーなど様々な機器がインターネットを介して情報を共有し遠隔操作が可能になりました。呼吸や心拍数などのバイタルデータをモニタリングすることで健康管理をサポートするサービス

にも、IoT 技術が使われています。ほかにも交通、気象など多種多様な分野で情報がデータ化され、それらがネットワークでつながり、これを解析・利用することで、新たな付加価値を生み出しています。

　ものづくりの世界に目を向けると、工場における機械の稼働状況をはじめ温度、湿度、圧力、距離、音声、時間、位置、深度、水平度など、様々な情報をリアルタイムに検知しそれらをインターネットにつないで共有することにより、いろいろな場面での改善に応用されています。このように、かつては把握できなかった、あるいは把握するためには膨大な人手やコストを要した情報が大量にあふれるようになりました。

　一方で、そのようなデータを保管する大容量のサーバーやビッグデータを処理できるコンピュータリソースの必要性が高まり、クラウドコンピューティング、高性能な半導体チップ、さらには量子コンピュータの開発などハードウエアが進化を遂げることになります。ローカルのパソコンに情報を保管し USB メモリーなどの物理媒体でやり取りしているようでは、ビッグデータやクラウドサービスの恩恵を受けることはできないのです。

図表 1-5　IoT のイメージ

　このような情報の検知と可視化を促すツールは幾何急数的な開発

が進められ、大小様々なベンダーから多様なサービスやツールが提供されています。本書の主題であるものづくり現場においても、そうしたサービスやツールの利用による可能性は無限大といえますが、むしろ求められるのは、**どのサービスやツールが自社にとって重要なのかを見極め賢く選択する力**です。同時に、サービスやツールが玉石混交で乱立し情報過多な状態では、**不要な情報を捨て去る能力**も必要なのかもしれません。

②AIの進展により、論理的思考から統計的思考へ

「人工知能（AI：Artificial Intelligence）」という言葉が正式に定義されたのは、1956年にさかのぼります。この頃を第1次AIブームとすると、その後盛り上がりと衰退を繰り返し2000年頃から第3次AIブームが始まりました。それは現在も継続しており、今度こそ本物ではないかと言われています。

昨今、日常生活でもAI技術の恩恵を実感される人も多いことでしょう。シンプルなものでは、お掃除ロボット、ネット通販でのレコメンデーション（「あなたへのおすすめ」機能）、スマートフォンの生体認証技術、自動翻訳、さらには医療分野や自動運転技術等、今後AIの活用範囲はさらに拡大していくことは明らかです。

一言でAIといっても、これらの様々なサービスの実現にはそれぞれ文字、画像、言語、音声など、取り扱う情報に応じて異なる研究と技術のアップデートが日々行われています。AIの優れた可能性をうまく活用していくためには、どのような分野で、どこまで実現できるようになっているのか、**日進月歩の技術革新に対して常にアンテナを高くしておく必要**があるでしょう。また、いずれの分野においても不可欠なのが、こうした技術基盤の上でAIが学習するための大量のデータです。膨大なデータが蓄積され、高度処理できる環境の進化が、AIの技術革新を後押ししています。

JMAC では、AI による本質的な変化を「論理的思考」から「統計的思考」への変化と捉えています。これまでは、課題解決に際して理屈やロジックで解釈して説明したり、意味づけたり、意思決定したりすることに大きな価値がありましたが、AI によって「こうするとこんな結果になる」という確かな推論が先に突き付けられるようになり、それが行動の基準になっていくという変化です。机上の議論ばかりを繰り返し、意思決定に何日も時間を費やしているようでは、たちまち遅れをとってしまいそうです。

　この統計的思考の特徴は、インプットされるデータが多くなればなるほどその結果はより確実性を増すと考えられることであり、**どれだけ豊富で活用可能なデータを有しているかが、その優劣を判断するカギになり得る**ことです。

　2005 年、未来学者のレイモンド・カーツワイルは 2045 年までに「シンギュラリティ」が起こると予測しました。シンギュラリティとは、AI の知能が全人間の知能を超え、人間にはもはや予測不能なスピードで社会が変化していくことを予測した見解で、日本語では「技術的特異点」と訳されています。2045 年という近未来に起こるであろうという時間軸から考えると、世界はどうなるのかをイメージして、どうアクションして行くべきかを今から考えていく必要がありそうです。そうするためには、まず一人ひとりがある程度 **AI 技術について理解をする必要がある**でしょう。

図表 1-6　AI の進歩と流れ

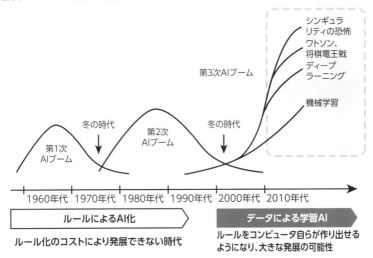

（出所：松尾豊『人工知能は人間を超えるか　—ディープラーニングの先にあるもの』（KADOKAWA））

③Society5.0を支える5Gそして6G

　5Gとは第5世代移動通信システム（5th Generation）を表します。5Gの通信品質は携帯電話ユーザーだけでなく、様々な機器やガジェット、デバイスの接続性も向上させるメリットがあるとされ、期待が高まっています。

　Society5.0においては、IoTのさらなる進化によって膨大な数のデバイスがネットに接続され、そこでは大量のデータが共有されます。現在のインフラでは、膨大な数のデバイス同士が大量の情報を遅延なくやり取りすることに限界がありますが、5Gがその受け皿となると考えられています。

　5Gのメリットは高速化、大容量、多数同時接続に加えて「**超低遅延**」であると言われています。超低遅延とは、あまり聞きなれない言葉かもしれませんが、平たく言えば「**発信元と着信元で時差が生じない**」という意味です。これにより、たとえば医療分野における遠隔診療や遠隔リハビリテーション、さらには遠隔手術さえ可能

になると期待されています。外部状況の認識とブレーキ指示が瞬時に連動させる必要がある自動運転技術の発展にも、超低遅延は欠かせません。このように、超低遅延技術はサイバー空間だけで完結するサービスばかりではなく、サイバー空間で判断した情報に基づいて現実社会をコントロールするための技術として欠かせないものになると考えられているのです。

　ちなみに、5G の次の通信規格 6G についての研究と実用化検証もすでに進められており、2022 年 1 月 17 日に NTT ドコモが行った報道発表によると、「6G では（人間の）神経の反応速度をネットワークの通信速度が超えるため、脳や身体の情報をネットワークに接続することにより、ネットワークで人間の感覚を拡張することが可能になる」とうたわれています。本基盤において、動作を把握する機器と再現する駆動機器を通して、人やロボットへのリアルタイム連動といったコンセプトがさらに確実なものとなります。また「人間拡張」というワードとともに「感情の伝達」「五感の共有」「テレパシー・テレキネシス」といったキーワードに対する展望にまで言及されています。

　このように捉えると、**ものづくり分野への適用の可能性**もより具体的に見えてきます。設備稼働状況の遠隔監視だけにとどまらず、製造設備と搬送設備といった設備間でリアルタイムに情報を共有し合い、自律的にジャストイン供給を制御したり、ワークやロボットの状態を互いに共有したりすることで、**トラブル発生の予防をはじめ、多様な面で効率化に寄与できると期待**されます。

　また、現状では生産活動における実績データ（機械の稼働状況やそれをオペレーションする人間の動きも含む）の 90% が収集・保管されていないことが報告されていますが、5G による高速化、大容量化、多数同時接続によって、あらゆる情報を収集・保管でき、適材適所の人材配置や、組織全体の効率化やマネジメント、改革の

推進に役立てることができると期待されています。

図表 1-7　5G のメリットと応用

(3)　ものづくり現場へのデジタル技術活用

　こうしたデジタル技術は、ものづくりの現場ではどのように活用されているのでしょうか。それをイメージしたのが図表 1-8 です。

　IoT 技術を搭載したデバイスによって、様々なセンサーや PLC（Programmable Logic Controller：機械などの制御に使用されるコントローラ）から大量の実績データが 5G を通して瞬時にストリーミングされます。その一部のデータは AI を介してほかの設備の自律的制御指示に活用されます。クラウド環境に大量に蓄積されたビッグデータはサイバー空間で品質向上や設備稼働率向上のための高速シミュレーションを繰り返し、その最適解を現場全体にフィードバックします。**大容量の情報を遅滞なく共有し、解析と次のアクションにつなげる作業を常に繰り返す姿や、末端で機器同士が通信し合い反射的に自律行動をとる姿は、人体の機能そのものをイメー**

ジさせます。これが、スマートファクトリーの1つのゴールイメージといえるでしょう。

　こうした姿は一朝一夕に実現できるものではありません。人がセンサーなどの取り付け作業をして各種の設定やAIに指示を与えたり、ビッグデータを活用したKPI（重点管理指標）の可視化を行ったりという、マネジメントの解像度を高める取り組みが前提となります。そのうえで、企業内の各部門に散在する膨大なデータを収集・保管し、それをデータアナリストが様々な切り口で分析したうえで、それをもとに経営者が意思決定を行うビジネスインテリジェンス（BI）ツールと呼ばれる解析ツールが利用されます。

図表 1-8　デジタル技術の活用イメージ

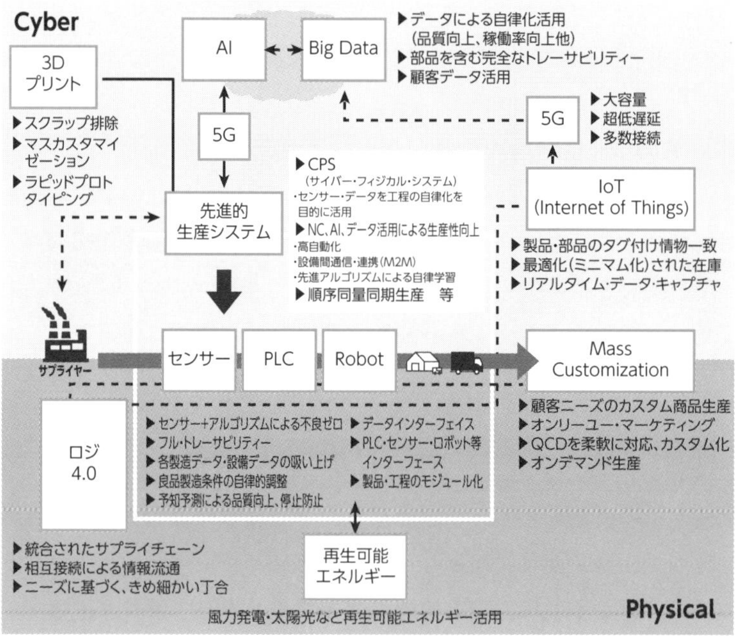

3 JMAC が考える スマートファクトリー構築のポイント

　さて、スマートファクトリーの1つのゴールイメージについて述べましたが、これを理解しても自社のスマートファクトリー化プロジェクトを推し進めるにはおそらく不十分でしょう。前段の議論のなかで欠けているのは、「**この工場で何を実現したいのか**」という部分です。**図表1-8**のようなツール構成で表現されたゴールイメージは、企業経営においては、あくまでも手段でしかありません。スマートファクトリーでめざすべきゴールや実現したいことは、企業や工場ごとに異なるはずです。こうした仕組みの、**どこに重点を置いてどのレベルをめざすのかをしっかりと見据えることが重要**です。

　そのイメージについて次に共有したいと思います。**図表1-9**は、JMACが考えるスマートファクトリーです。

　図の左側には、「超短サイクルの製品改廃」「超短納期対応」「私のための製品がほしい」「カーボンニュートラルへの取り組み」「労働力不足への対応」「品質トレーサビリティ」等々といった様々な工場への要求事項を記載しています。**めざすべきスマートファクトリーは、単に工場におけるものづくりの効率化にとどまらず、一連のビジネスプロセスと連動して、このような要求事項に応えられる仕組みであることが求められます**。そのための議論をしつくすことで、めざすべき〝自社流〟スマートファクトリー像と、そこに具備すべき機能が描けるのではないでしょうか。

　また、中央のフローは、上から販売計画、需要計画、実行計画という流れで工場の実績管理につながるビジネスの一連の流れを図示しています。上流には要となるITシステムとして「SFA（販売管

理）、ERP（基幹業務システム）、SCM（サプライチェーンマネジメント）、PLM（製品ライフサイクル管理）」があり、工場は MES（製造実行システム）を介して、生産指示・統制を行う仕組みを表現しています。この図の縦に流れる一連のプロセスにおいては、企業内の販売部門から製造部門に至るまで、その情報の受け渡しに多くの人員が関与しています。つまり、それぞれのシステムはつながっているようで実は部門ごとに分断されており、そこに大きな非効率が存在しています。

　図の下段に位置づけられている管理統制機能（ここでは納期統制、原価統制、品質統制、環境統制の4つ）をどこまで人を介さず実現**できるかは、それぞれの工場における主要なマネジメント課題**といえるでしょう。

　このようなスマートファクトリーをどのように描いていけばいいのか、そのための方法論とフレームワークをお示しすることが本書の最大のテーマです。

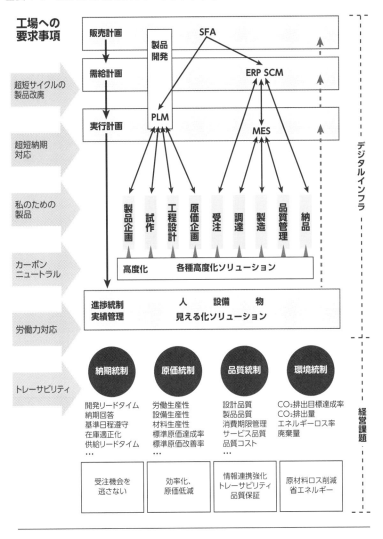

図表 1-9　JMAC の考えるスマートファクトリー

工場への要求事項

販売計画		製品開発	SFA			ERP SCM	
需給計画							
実行計画		PLM			MES		

超短サイクルの製品改廃

超短納期対応

私のための製品

カーボンニュートラル

労働力対応

トレーサビリティ

製品企画　試作　工程設計　原価企画　受注　調達　製造　品質管理　納品

高度化　各種高度化ソリューション

進捗統制　実績管理　人　設備　物　見える化ソリューション

デジタルインフラ

納期統制
開発リードタイム
納期回答
基準日程遵守
在庫適正化
供給リードタイム
…

原価統制
労働生産性
設備生産性
材料生産性
標準原価達成率
標準原価改善率
…

品質統制
設計品質
製品品質
消費期限管理
サービス品質
品質コスト
…

環境統制
CO_2排出目標達成率
CO_2排出量
エネルギーロス率
廃棄量

経営課題

| 受注機会を逃さない | 効率化、原価低減 | 情報連携強化トレーサビリティ品質保証 | 原材料ロス削減省エネルギー |

インフラ的側面
どこまで人を介さず
4つの計画統制が
実現できているか？

＋

経営的側面
何を実現したいか？どこまで実現
できていれば良いか？
「追求すべき普遍的なもの」

➡ **DX コンセプト**

27

第2章

DXの加速が
スマートファクトリー構築の
カギになる

1 デジタル化への取り組みレベルを定義する

第1章では、日本の経済発展と科学技術の進歩について足早に振り返り、現在直面している課題について皆さんと共有しました。SDGs や地球環境に配慮したものづくり、BCP、労働力の確保、多様なニーズへの柔軟な対応——こうした課題を背景にしながらものづくりの将来を考えていく必要があります。

一方で、AI や 5G などの技術革新もまた目覚ましいものがあり、コロナ禍におけるテレワーク普及に歩調を合わせるように、各企業では DX（デジタルトランスフォーメーション）への取り組みの必要性を今まで以上に認識し始めています。これらの**テクノロジーを正しく理解して使いこなしていくこと**が、スマートファクトリー構築においては大きなポイントとなるでしょう。

こうした中で、各社はどのように考え取り組みを進めているのでしょうか。JMAC が実施している実態調査から、取り組みのレベルを定義してみたいと思います。

(1) DX 推進や IoT 活用度合いを3つの領域で整理

JMAC では、2014 年からデジタルイノベーション推進部門を設置し、ものづくりの一連のプロセスが IoT 技術によってどのように変わっていくのか、また、製造業は DX 推進やスマートファクトリー化にあたり、どのような悩みや課題を抱えているのかについて、現場でクライアントとともに試行錯誤しながら、研究を重ねてきました。この研究の定点観測として実施しているのが、2015 年から毎年行っている「ものづくり DX 実態調査」（2019 年までは「ものづくり IoT 実態調査」）です（**図表 2-1**）。

図表 2-1　ものづくり DX 実態調査の概要 (2015 〜 2020 年実施)

	2015 年 (第 1 回)	2016 年 (第 2 回)	2017 年 (第 3 回)	2018 年 (第 4 回)	2019 年 (第 5 回)
実施期間	2015年10月6日 〜10月12日	2016年8月1日 〜8月5日	2017年8月10日 〜8月22日	2018年12月18日 〜1月21日	2019年12月18日 〜1月21日
方法	JMAC の顧客リストより製造業のカテゴリーを抽出し、 Web アンケートを実施。 自由記述も含め設問項目数は 25 問				
依頼件数	1 万 169 件	8,296 件	1 万 4,423 件	1 万 2,025 件	1 万 166 件
有効回答 数 / 率	175 件 (1.72%)	182 件 (2.19%)	305 件 (2.11%)	246 件 (2.05%)	188 件 (1.8%)

　調査を通じて見えてきたのは、デジタル化に向けた各社のアプローチの違いです。その取り組みは、大きくは「課題解決領域」「最適化領域」「価値創造領域」という３つのカテゴリーで整理できるということです。JMAC では、このカテゴリーを階層化し、「イノベーショントライアングル」として定義しました（**図表 2-2**）。

　この３つの領域について、１つずつ紐解いてみましょう。

図表 2-2　イノベーショントライアングル

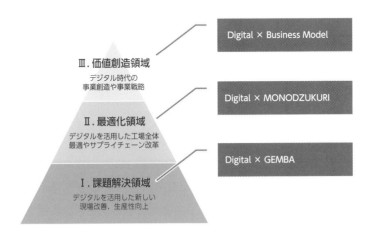

①課題解決領域

　デジタルツールを活用し、日々の業務における身近な問題発見、現場改善、生産性向上をめざした取り組みが、**図表 2-2** にあるトライアングルの一番下に位置する「課題解決領域」です。「担当している設備の稼働率を測定して改善したい」「ベテランと新人の仕事の仕方を比較して改善したい」等、**職場内で直面している身近な課題について、デジタルツールを使ってアプローチしていく領域**です。取り組みを従来よりも高速化、広域化、常時化するもので、試行錯誤とトライ&エラーを繰り返しながらスモールスタートで試行する、いわばエントリーモデルとして捉えられます。

②最適化領域

　現場レベルでの課題解決や改善にとどまらず、もっと経営的な視点からデジタル技術を活用した工場全体やサプライチェーン全体の改革までを視野に入れたのが、トライアングルの真ん中に位置する「最適化領域」です。「日々の需要情報の変化に製造側を柔軟に対応させたい」「設計から出図された図面をものづくりにダイレクトに繋げてリードタイム短縮を図りたい」など、**製造部門だけではなく関連部門との連携を前提に需給プロセスの全体最適をめざす領域**です。検討するメンバーもより多方面にわたることが想定されます。本書の主要テーマであるスマートファクトリー構築は、この領域に位置づけられます。

　ものづくりのありたい姿やめざす姿は、各社が置かれているポジションや規模、扱う品種や状況によって様々です。また真の最適化のためには、工場内だけではなく製造機能と関わる多様なプレイヤーに対してどのようなバリューを提供できるかといった要素も視野に入れる必要があります。エントリーモデルとして課題解決領域から取り組むこと自体、意味のないことではありませんが、スマー

トファクトリー構築においては、現場レベルの改善や課題解決だけにとどまらない高い視座が求められるのです。

　なお、最適化領域の視点から工場のあるべき姿を考えてリファレンスとしてまとめたものが、第4章、第5章で詳述する「スマートファクトリーイメージセル」です。

③価値創造領域

　トライアングルの一番上に位置する「価値創造領域」でめざすのは、**スマートファクトリー構築による、ものづくりのフレキシビリティを武器に新たな製品やサービスを創造し、新市場、新顧客の獲得を実現することです。**

　既存のビジネスモデルから飛躍した新しいビジネスモデルを発想し、それを実現するためのリソースを集めるための選択肢の1つとして、スマートファクトリーが起点となるイメージです。

　自社が持っている様々な情報をデジタル資産として価値化し、その資産を新たな付加価値に展開していくことが、1つの有効なアプローチです。

(2)　各社の取り組み状況

　2019年の第5回調査までの結果をもとに、イノベーショントライアングルの各領域における取り組み状況をざっと見てみましょう（**図表 2-3**）。

　まず、課題解決領域における取り組みに関しては、「すでに実行中」とした回答は40%に達し、「現在計画中」と合わせると、約7割にのぼります。最適化領域の取り組みも、「すでに実行中」または「現在計画中」との回答があわせて48%と、半数近くとなりました。

　なお、2016年からの4年間で比較してみると、課題解決領域について「すでに実行中」または「現在計画中」と何らかの活動を行っ

ている企業は、2016年43％、2017年55％、2018年64％、2019年69％と年々増えています。最適化領域も、2016年と2017年は32％、2018年は41％、2019年は48％と増加傾向にあります。

　一方で、価値創造領域においては、2016年19％、2017年と2018年が22％、2019年24％と、大きな変化が見られませんでした。従来のビジネスの範疇で、プロセス革新に取り組んでいる企業は年々増加傾向である一方で、新たなビジネスモデルを構築し新価値創造につながる取り組みに挑戦できている企業は、まだまだ少ないことがわかります。

図表 2-3　IoT のレベル別取り組み状況

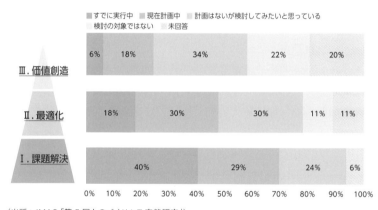

（出所：JMAC「第 5 回ものづくり IoT 実態調査」）

2 JMAC が考える DX 推進パターン

　ここまで、実態調査とイノベーショントライアングルによって、ものづくり現場のデジタル化への取り組みレベルについて見てきました。ここで DX（デジタルトランスフォーメーション）という概

念について簡単に説明しておきます。

(1) DX とは

　デジタル化やデジタル技術の活用に関連して、DX という言葉を頻繁に耳にするようになりました。DX は 1 つの概念で、「D」はデジタル、「X」は変化（トランスフォーメーション）を意味し、直訳すれば「デジタルによって○○を変化させる」という意味になります。トランスフォーメーションを「T」ではなく「X」としているのは、英語圏では「trans ～」や「ex ～」という接頭語を「X」と略す習慣があるからです。

　DX という概念は、2004 年にスウェーデンのウメオ大学のエリック・ストルターマン教授らが発表した論文で提唱したのが最初だと言われています。日本のビジネスシーンでも DX という言葉が頻繁に使われ始めるのは令和以降になってからですが、DX について経済産業省が発表した「DX 推進指標とそのガイダンス」では、つぎのように定義しています。

企業がビジネス環境の激しい変化に対応し、データとデジタル技術を活用して、顧客や社会のニーズを基に、製品やサービス、ビジネスモデルを変革するとともに、業務そのものや、組織、プロセス、企業文化・風土を変革し、競争上の優位性を確立すること

（出所：「DX 推進指標とそのガイダンス（令和元年 7 月）」）

　経済産業省発行の DX レポートには、「DX フレームワーク」として、推進方法の一案が提示されています（**図表 2-4**）。デジタル化推進の段階を、「未着手」→「デジタイゼーション」→「デジタライゼーション」→「デジタルトランスフォーメーション（DX）」とし、対象を「ビジネスモデルそのもののデジタル化」「製品／サー

ビスのデジタル化」「業務のデジタル化」「プラットフォームのデジタル化」の4階層に分けてガイドラインを提示しています。

図表 2-4　DX フレームワーク

	未着手	デジタイゼーション	デジタライゼーション	デジタルトランス フォーメーション
ビジネスモデルの デジタル化				ビジネスモデルの デジタル化
製品 / サービスの デジタル化	非デジタル 製品 / サービス	デジタル製品	製品へのデジタル サービス付加	製品を基礎とする デジタルサービス / デジタルサービス
業務のデジタル化	紙ベース・ 人手作業	業務 / 製造プロセスの 電子化	業務 / 製造プロセスの デジタル化	顧客との E2E での デジタル化
プラットフォームの デジタル化	システムなし	従来型 IT プラットフォームの整備		デジタルプラット フォームの整備
	ジョブ型人事制度	CIO/CDXO の強化	内製化	
	リカレント教育	リモートワーク環境整備		

（出所：経済産業省 DX レポート2）

　このフレームワークは、取り組みの方向性と現在の位置を見据えるうえで1つの有効な指針を与えるものだと考えます。ただ、この定義に関してはやや曖昧な部分もあり、「自社の取り組みはデジタライゼーション？　デジタルトランスフォーメーション？」といった質問をよく耳にします。その意味でこのステップの定義について、それぞれの解釈のもとでわかりやすく解説を試みている記事も、インターネット上で多数見ることができますが、微妙にニュアンスの違いがあるのも事実のようです。概念としてはまさに、第1章で共有した「様々な課題解決をデジタル技術で実現すること」と理解できるのではないでしょうか。一方で、これをいざ実務に当てはめて考えようとすると、「どこから着手すればいいのだろう？」「いま、自分が会社で取り組んでいることは果たしてDXと呼べるだろう

か？」といった疑問を抱く人も多いのではないでしょうか。

　誤解を恐れずに申し上げれば、DX という単語にこだわって、上記のような**解釈論を深くし続けることには、さほど大きな意味はな**いと我々は考えています。先に紹介したイノベーショントライアングルには、スケールの異なる３つの階層を示しましたが、たとえ一番最下層の課題解決領域であっても「デジタルを使ってプロセスを変革していこう」という要素と意思はあるわけですから、それはそれで、とても重要な意味があると考えます。

　次項では、こうしたフレームワークも見据えつつ、全社で、あるいは各組織において、DX を推進していくためのアプローチについて、３つのモデルに当てはめて考えてみたいと思います。

(2) DX 推進の３つのアプローチ

　私たちは、DX の推進を、「ボトムアップ」「ミドルアウト」「デザインアプローチ」の３つのアプローチをベースに考えています。１つずつ解説していきましょう。

①ボトムアップ

　初期段階においては明確なゴールを設定せず、デジタルツールを活用しながら、とにかく目先の課題解決に対してトライ＆エラーで取り組んでいく、**現場でのスモール＆クイックスタート優先のアプ**ローチです。既存のビジネスモデルや商習慣のしがらみが多く、最初から抜本的なビジネスモデル変革を描くには多くの時間がかかるようなケースで有効なのが、このアプローチです。

　スピード感を持ちながら、実際のツールを活用しながら使い方のノウハウやツールの限界などを知るなど実践的に進めて行くことから、イノベーショントライアングルでは、最下層の課題解決領域での取り組みが比較的親和性があると考えます。ただし、**活動にスピー**

ド感が出る反面、無軌道になりやすいというデメリットがあります
ので、常に成果感を横目で見ながら進めて行くことが肝要です。

図表 2-5　ボトムアップ

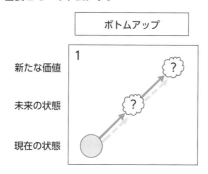

②デザインアプローチ

デザインアプローチとは、めざすべきゴールを設定して、そこを
めざして様々な課題を突破していくアプローチです。デザインアプ
ローチには2つのタイプがあります。

1960年当時のアメリカ大統領だったジョン・F・ケネディは、
1961年に「我々は10年以内に人間を月に着陸させ、安全に帰還さ
せる」と宣言します。宣言した段階でその明確な道筋が見えていた
わけではなかったでしょう。マイルストーンは進めながら見定め、
状況に応じて軌道修正と試行錯誤を繰り返す、今でいうところのア
ジャイルタイプともいえます。ゴールだけをトップが示し、ゴー
ルを実現するための様々なハードルをクリアし、1969年にアポロ
11号でこのことを実現しました。このような「実現できるかはわ
からないけども、実現すれば大きなインパクトのある、わくわくす
るような壮大な目標への挑戦」や「強力な理念と資金によって長期
的ビジョンの実現を後押しするテーマ」を実現するためには、3-1
のアプローチ、別名「ムーンショットアプローチ」（**図表 2-6 左側**

(3.1)）が向いているといえます。

　2つめは、実現したい夢や新たなサービス、もたらしたい効果を
ゴールとしてしっかりと定め、ゴールにたどり着くまでの手法やス
テップを明確に定めて、1つずつクリアしながら進めるアプローチ
です。ゴールに向けてマイルストーンを描き切るため、**身近で明確
な課題や目標に向けて最短距離で着実に進めるケースに適したアプ
ローチ**といえるでしょう。スマートファクトリー構築プロジェクト
はやはりこのアプローチが適していると考えます。部門横断で全体
最適をめざしつつ、部門間ではトレードオフが生じるため、明確な
ビジョンとシナリオについてのコンセンサスを取ることが重要だと
考えるからです。ただしこのアプローチは、**検討ばかりに時間が費
やされて、スタートできない状況に陥らないように注意が必要です。**

図表2-6　デザインアプローチ

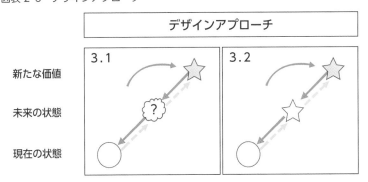

③ミドルアウト

　スマートファクトリー構築のようなテーマでは、デザインアプ
ローチが適していると記載いたしました。こうしたアプローチは
ずっと以前から理想的なプロジェクトドライブの方法として知られ
ている手法になります。一方で昨今の第4次産業革命ともいわれる
デジタル化の変化の中においては、数年後の変化を明確に見据える

ことすら難しい非連続な変化の中にあります。

　ミドルアウトアプローチでは、目標やゴールを一旦は設定するものの、「その先の価値」についてはもともと想定していたゴールと異なっても構わない。状態として成し遂げたい中間目標を設定して、まずそれをめざそうというアプローチで、デジタル時代の改革アプローチと親和性が高いといわれています。**スタート時点で経済価値（効果）を厳密に議論はできないけれども、中間目標を達成した先に新たな価値を見出していくアプローチ**です。

図表 2-7　ミドルアウト

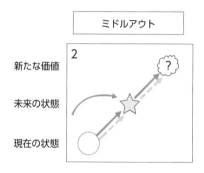

図表 2-8　3つの DX 推進パターンとその特徴

	ボトムアップ	ミドルアウト	デザインアプローチ	
	1	2	3.1	3.2
新たな価値 / 未来の価値 / 現在の価値				
ゴール設定	初期段階において、明確なゴールは設定しない	どんな価値が生まれるかは仮設定して取り組みを開始する（結果違っていても良い）	実現したい夢や新たなサービス、もたらされる効果などが明確	
進め方	とにかく目先の課題解決にツールを活用しながら、トライ＆エラーで進めていく現場でのスモール＆クイックスタート優先	競争力を強化するためにめざす状態を描く基本は、データとデータアーキテクチャーでまず部門間の連携（Scalability）	そのためのマイルストーンは進めながら見定める状況に応じて軌道修正（アジャイル）	そのためのマイルストーンを描き、最短距離で着実に進める
ポイント	ある程度の採否権限を現場に委譲し、成功と失敗を蓄積する	経済価値を厳密には議論できないが、めざすべき企業の状態を合意する同時に新たな価値創出を見出すことを続ける	強力な理念と資金によってビジョンの実現を後押しする（長期的）	明確なビジョンとスキルを持った集団による事業創造（あるいは、小さなゴール感の設定）
	無軌道になりやすいため、できることだけのリーチにならないような注意が必要	←————————→		検討ばかりに時間が費やされてスタートできない状態に陥らないような注意が必要

(3) 3つのアプローチとイノベーショントライアングル

　DX推進にあたっての3つのアプローチにイノベーショントライアングルの各領域を当てはめてみると、つぎのようなことが考えられます。

①課題解決領域におけるアプローチ

　製造業の各現場で進めるDX推進は、現場主導で進めトライ&エラーを重ねながらスモールスタートで進めていくボトムアップアプローチが1つの選択肢になります。一方、職場全体で明確な目標を掲げて、工場長の号令一下、全員で取り組むような場合は、デザインアプローチが有効になるケースもあります。

②最適化領域におけるアプローチ

　サプライチェーン全体を見据えた工場設計やスマートファクトリー構想を検討する場合、その性質上ボトムアップアプローチを選択することは考えにくいと思います。基本的には、機能横断のデザインアプローチで進めることになるでしょう。このデザインアプローチによるスマートファクトリー構築コンセプトが本書の主題であり、その詳細については第4章で詳述します。

③価値創造領域におけるDXアプローチ

　価値創造領域のアプローチには様々な事例があります。たとえば、フランスのパリにおける地下鉄の無人運行は有名ですが[※]、その最大の成果は乗務員が不要なことから、増便減便を柔軟に行うことができ、高密度運転が可能になりました。しかし、当初からこのような効果を目論んでいたわけではなく、やはりコスト削減がその目的でした。これはミドルアウトアプローチの例といえるでしょう。

このように、DXの推進をイノベーショントライアングルのどの領域で考えるか、またどのアプローチを選択するかは、各社のテーマや抱える課題によって様々です。各社がその時点で置かれている状況によって最適なものを選択することが望まれます。

第3章以降、事例を交えて解説していますので、ご参考ください。

※パリの「メトロ」と呼ばれる地下鉄のうち、2路線（1号線と14号線）で現在、無人運転が行われている。最古の路線である1900年開業の1号線では2011年から、最新の路線である1998年開業の14号線では開業時から、それぞれ無人運転を実施している。

図表2-9　3つのアプローチとイノベーショントライアングル

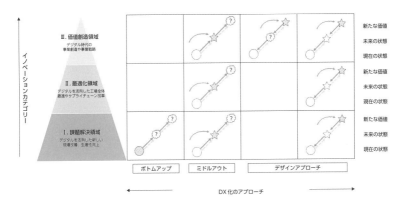

第3章

トライ&エラーで
現場の課題を解決する
～課題解決領域の取り組み～

第2章で見てきたように、DXをイノベーショントライアングルのどの領域で捉えるかは、各社各様といえますし、スマートファクトリー構築における事情も同様です。そこで、第3章では、課題解決領域、第4章では最適化領域における実態と取り組みについて、具体的に見ていきたいと思います。第7章では、スマートファクトリー構築の事例についても紹介します。

1 実態調査に見る各社の取り組み状況

　課題解決領域は、最も取り組みが盛んに行われている領域で、特に中小企業において増加していることがわかります（2019年「ものづくりDX実態調査」より：**図表3-1**）。

　「課題解決」に取り組む売上高100億円〜1000億円の中小企業は、2016年27%、2017年41%、2018年55%、2019年61%と続伸。売上高100億円未満の企業も2016年と2017年は33%、2018年は34%、2019年は47%というように年々増加傾向が見られます。

　デジタルツールが普及したことに加え、国や地方自治体が実施しているデジタル化支援の取り組みなどにより、中小企業においてもデジタルツールの導入・活用に取り組みやすくなっているのではないかと推測できます。

2 デジタルを活用した現場課題解決の視点「IoT 7つ道具」

(1) 課題解決領域の陥りやすい失敗

　「せっかくデジタルツールを導入したのに、現場が使ってくれない

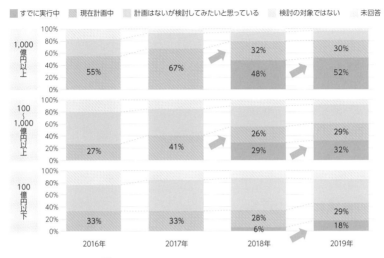

図表 3-1　IoT のレベル別取り組み状況
（課題解決領域・企業規模別比較）

■ すでに実行中　　現在計画中　　計画はないが検討してみたいと思っている　　検討の対象ではない　　未回答

1,000億円以上

2016年 55%
2017年 67%
2018年 32% / 48%
2019年 30% / 52%

100～1,000億円以上

2016年 27%
2017年 41%
2018年 26% / 29%
2019年 29% / 32%

100億円以下

2016年 33%
2017年 33%
2018年 28% / 6%
2019年 29% / 18%

※ 2016 年と 2017 年の　　は「実行または計画中」の数値。
（出所：JMAC「第 5 回ものづくり DX 実態調査」）

んですよ」

　工場を訪問していると、このような声をしばしば耳にします。象徴的なのは、現場の業務を熟知していない情報システム部門がデジタルツールの導入を主導するケースです。現場からは「使いにくい」「現場の負担が増えるだけだ」といった声が上がっています。

　このような失敗事例の多くはユーザー（製造現場）とシステム開発担当(情報システム部門や IT ベンダー)の間に生じるコミュニケーションギャップに起因します。

①製造現場はどのような課題認識を抱えているのか
②課題を解決するためにはどのような情報を可視化すると実態がつかめるようになるのか
③見たい情報が可視化されたら、どのように現場の管理・運用を

変えていくのか

④それによってどれくらいの効果創出をねらうのか

　これらのことを正しく認識・共有しなければデジタルツール導入はうまくいきません。システム開発担当が現場の要求を理解できていないケースもありますが、製造現場が上記のことを整理できていないことも多くあります。

　重要なことは、この①～④の項目をユーザーと開発担当の双方で鮮明にイメージアップしながら進めることです。

(2) 現場 IoT 7つ道具

　では、どのような情報が可視化されると現場の改善活動が活性化するのでしょうか。

　このことについて、JMAC では、「IoT 7つ道具」というコンセプトを推奨しています。IoT 7つ道具とは、現場で可視化したい情報を、①位置（Location）、②作業（Operation）、③場面・状態（Situation）、④数量（Count）、⑤危険（Hazard）、⑥稼働（Availability）、⑦品質（Quality）という7つ視点で整理したものです（**図表 3-2**）。

図表 3-2　JMAC が提唱する「7つの視点」

L	位置 Location	「人やものを追跡」	人・物・荷役機器等の所在や動線把握
O	作業 Operation	「人の働き方に着目」	作業や動作の認識・測定
S	場面・状態 Situation	「その瞬間を記録」	不良や故障等発生時の状態・状況把握
C	数量 Count	「自動で数え上げ」	出来高・不良・仕掛在庫等の数量把握
H	危険 Hazard	「危険をナレッジ化」	危険場所警告や不安全行動の認識
A	稼働 Availability	「レトロフィット」	設備や機器の稼働・不稼働把握
Q	品質 Quality	「スマート品質記録」	品質測定や品質状態の把握

これら7つの視点から、人の能力、設備の性能、材料の機能をトータルで活かしきることを考えます。この「現場IoT　7つ道具」について、具体的に見ていきましょう。

①位置（IoL：Internet of Location）

　「操作者は今どこにいる？」「どのくらい移動した？」といった、これまで見えにくかった人やものの位置や動線を可視化するものです。たとえば、敷地内に発信機を複数設置し、受信機を持った作業員やフォークリフトなどが動き回ることで、常時その動きをモニターし、時間、場所、距離、人数などを定量化します。複数台がランダムに同時に動いている状況であっても、それぞれが受信機を持つことにより、同じ時間帯における個々の動きを把握することができます。このことによって、レイアウトや移動経路の最適化、人員・台数の最適配置、疲労や故障への配慮、効率的な作業指示といった改善につなげることができます。BeaconやRFIDといったセンサーを使用するものや、UWB（Ultra Wide Band：超広帯域無線通信）を使用するもの、GPSを使用するもの、AIカメラの画像認識技術を使用するものなど、様々な技術を活用したデジタルツールが登場しています。

図表3-3　「IoL」によって見えるもの

効率的な移動動線・レイアウトは　　最適な人員・台数・置き場は　　安全な移動・運搬をするには

疲労や故障に配慮した動きは　　負荷集中を改善するには　　効率的に作業指示するには

②作業（IoO：Internet of Operation）

　製造現場の人や設備の動作を視覚的に、数値的に可視化します。製造現場の作業員の働き方に着目して、従事する作業や非効率な動作を識別することによって、たとえば、無駄な作業をしていることがわかれば効率よく作業できるように設計したり、無駄な動作をしていれば最小限の動作で済むような設計にしたりすることができるようになります。また、移動距離が長いのであれば現場のレイアウトを改善するなど、従来の設計の見直しにつなげることができます。さらに、重筋作業が多ければ作業負荷の軽減、ペースが異常であれば適切なスピードに、作業環境が芳しくないとなればその再考といったように、様々な改善につなげることができます。作業の開始・終了のタイミングでボタンを押下するものや、人の骨格推定から作業を把握するもの、アイトラッキングの技術などを活用したデジタルツールがあります。

図表 3-4　「IoO」によって見えるもの

効率的な作業ができているか　　最小の作業動作になってるか　　作業距離・範囲は最適か

負担の少ない作業動作か　　　　負担の少ない作業時間か　　　　作業環境にムリがないか？

③場面・状態（IoS：Internet of Situation）

　「稼働中の設備に故障が発生した」「不良製品が生じてしまった」といったトラブルは、その発生の瞬間をなかなか確認することはで

きません。そんな**トラブルが起きた場面を可視化する**のが「IoS」です。たとえば、ドライブレコーダーと同様の技術で、高速で動く設備から工程不良品として排出された信号をトリガーとして、その数十秒前の映像をさかのぼって記録しトラブル発生の瞬間を特定します。何をトリガーに、どの部分の何秒前の画像を記録するかは、職場に合わせて設計する必要がありますが、既存の設備を変えることなく「外付け」の仕組みで対応できることがポイントです。「その瞬間」を記録して、時間・空間・状況にタグ付けをしたり、過去の場面と照合したり、その前後や周辺の状況を再現したり、通常と違う場面を特定したりというように、トラブルの場面を的確に分析して改善に導くことができます。

図表 3-5 「IoS」によって見えるもの

チョコ停の状況を確認したい

不良品発生の状況を確認したい

いつもと違う状況はあったか

トラブルの状況・場面を再現したい

似たようなトラブル場面はあったか

今回の発生状況のログ取りをしたい

④数量（IoC：Internet of Count）

出来高や不良数、仕掛数、在庫量などを、目視や手作業で数量をカウントしているケースも少なくありません。そうではなく、通過センサーやマーカーを取り付けて自動的にカウントし、**時間帯ごとの出来高や不良数を定量化する**のが「IoC」です。

投入量や排出量、生産数から作業や保全のタイミング、品目別の

実績時間の違い、不良率などを把握し、改善の重点を絞り込むことも可能です。また、カメレオンコードなど非接触型の画像解析技術を応用したカラーバーコードを用いて、ものの場所や数量の高速認証、遠隔認証、複数個同時認証を行えば、ピッキング業務や棚卸し業務の効率化、さらには生産性向上などが期待できます。

図表 3-6 「IoC」によって見えるもの

リアルタイムに生産量を把握したい　在庫量・仕掛数をすぐ把握したい　より良い作業タイミングは

日報・帳票をデジタル化したい　棚卸しをスムーズに行いたい　完成品率・不良品率を把握したい

⑤危険 （IoH：Internet of Hazzard)

　一般に、労働災害のリスク管理では、まず場内に存在する事故につながる危険源を抽出し、つぎにそれがどのような形で事故につながるかを想定します。そしてその対応策として、危険の認知度を高めて発生確率を落とすこと、万が一事故が起きたときの被害を軽減する措置を事前にとること、あるいは事故発生の未然防止策を講じることが検討されます。

　製造現場における安全の確保は何よりも優先されるべき課題です。「IoH」は危険場所やヒヤリハット警告、不安全行動を認識・ナレッジ化して、安全行動サイクルを定着化させ、是正します。危険が発生した際に記録することも、事前に学習させておくことも、そしてその場で確認することも可能です。危険源への注意喚起、事故の予

兆となる代替指標のモニタリングを行うことにより、危険度を軽減することが期待できます。

図表 3-7 「IoH」によって見えるもの

何が（何で）起こったのか　　スムーズに報告できているか　　ヒヤリハット情報のDB化は

危険源がわかりやすいか　　再発させない仕組みはあるか　　未然に防ぐ仕組みはあるか

⑥稼働（IoA：Internet of Availability）

　設備や機器の稼働状況を把握します。実際の稼働時間や停止時間を定量化する取り組みは、すでに多くの設備に標準的に備わっている機能です。従来はこうした設備のログデータは記録されるものの、その後膨大に蓄積されたデータの処理技術がなく、記録したデータは有効活用されないことが多かったと思います。通信機能のない旧型設備でも異音、振動、駆動部の動きなど、設備の状態を表す代替的なシグナルさえ発見できれば、同様のデータを取得できます。また、外付けデバイスを活用して、すべての設備の稼動状況を可視化し、レトロフィットを含むあらゆる設備の稼働状態を知ることができれば、各種ログデータの統合管理ができるほか、旧型設備や従業員の稼働状況、運搬台車の空き情報を把握できます。さらに設備や作業員の負荷シミュレーションもでき、工場運営に対する重要な情報を提供できます。

人の動きと比較するとデータを収集しやすいことから、課題解決領域での取り組みのスタートとする企業も多くなっています。

図表 3-8　レトロフィット型 IoA の仕組み

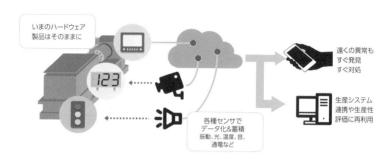

図表 3-9　「IoA」で見えるもの

⑦品質（IoQ：Internet of Quality）

　より良い品質、より安定した品質を求めて、**品質の測定や機器状態を可視化する**のが「IoQ」です。画像検査や重量検知機などは従前から導入され、行われている領域ですが、それでも目視検査や官能検査（視覚・聴覚・味覚・嗅覚・触覚など人間の感覚を用いた検査）では測定と手書きによる記録などの作業がついて回ります。

こうした検査について、IoT ツールを用いた品質管理システムを構築することで、記録作業の効率化、異常値モニタリングと不良発生の予知につなげることができます。また、デジタル限度見本で品質基準を明示したり、検査項目の見落としを防止したり、検査結果を即時にフィードバックしたりすることも可能になります。

図表 3-10　「IoQ」で見えるもの

品質管理記録を効率的にできないか　　品質記録を活用できないか　　未然予防型の品質管理は

品質基準はわかりやすいか　　検査項目に見落としはないか　　検査結果をすぐにフィードバック

(4)　IoT 7つ道具チェックシートで現場の課題を重点化する

　ここまで「IoT 7つ道具」として現場課題解決の7つの視点を解説しました。様々なデジタルツールが登場する中、「何から始めればよいかわからない」という方も多いのではないでしょうか。IoT 7つ道具チェックシートは、7つの視点から「製造現場のよくある困りごと」をリスト化したものです（図表 3-11）。「どこから手をつければよいかわからない」という方は、まずこのチェックシートを活用することを推奨しています。また、現場が取り組むべき課題をもれなく抽出したい、というニーズにも対応しています。

　このチェックシートを活用すれば、「現場が抱える課題は何か」「課題を解決するため可視化すべき情報は何か」といった、現場が優先

して取り組むべき課題を明確化し、取捨選択できるようになります。

　これらを考えることが「課題解決領域」の活動を成功させる第一歩であり、優先的に取り組むことが明確になれば、導入すべきデジタルツールもイメージアップできるようになるはずです。

図表3-11　IoT7つ道具活用チェックシート(現場管理)

評価基準　A:すぐに行いたい(最優先課題)　B:検討してみたい(効果次第)　C:あまり必要ない

IoT7つ道具		項　目	A	B	C
IoL Location 人・もの・機器の位置や動きを捉え、ムリ・ムダ・ムラを解消する	作業者の把握	作業者がどこに何人いるか知りたい			
		作業者の移動経路が知りたい			
	ものの把握	原材料や部品、仕掛品がどこにあるか知りたい			
		原材料や部品、仕掛品の滞留時間が知りたい			
	設備・機器の把握	治具・工具がどこにあるか知りたい			
		運搬機器がどこにあるか知りたい			
		運搬機器の移動距離、経路を知りたい			
IoO Operation 人の動きを計測し、最適な作業を設計する	作業内容の可視化	どの作業にどれだけ時間をかけているか知りたい			
		いつどのような作業が発生したか知りたい			
	作業方法の検証	人によるやり方・時間の違いが知りたい			
		効率的な作業ができているか知りたい			
		最少の作業動作になっているか知りたい			
	作業環境の検証	現在の作業環境が適切か知りたい			
		負担の少ない作業設計ができているか知りたい			
IoS Situation 発生の瞬間を捉え、効果的な打ち手を見つける	状態の記録 場面の再現	トラブルや事故発生時の状況・場面を捉えたい			
		不良品発生時の状況・場面を捉えたい			
		過去の類似事象を照会したい			
		状態をデジタルデータで記録・把握したい			
IoC Count より楽に・便利に数量をカウントする	進捗の把握	経過時間ごとの出来高・ばらつきが知りたい			
		生産量・在庫量・仕掛量をリアルタイムに把握したい			
		良品率・不良率をすぐ把握したい			
IoH Hazard 危険を確実に記録し、安全対策につなげる	危険の見える化	危険源や危険行動をよりリアルに、誰もが見えるようにしたい			
	情報の蓄積	ヒヤリハット情報・過去の災害情報をDB化したい			
		災害発生状況をスムーズに報告したい			
IoA Availavility あらゆる機器の状態を把握し、オペレーションを最適化する	稼働率の見える化	設備の稼働率を知りたい			
		トラブル・段取り… 停止の内容を知りたい			
	負荷率の見える化	将来の負荷を知りたい			
		負荷を踏まえて生産活動をシミュレートしたい			
IoQ Quality より効率的な品質関連業務を確立する	品質管理業務の効率化	品質管理記録・点検記録を効率化したい			
		検査結果をすぐにフィードバックしたい			
		適切な製造環境が整備できているか知りたい			
	品質レベル向上	もれのない検査・点検を行いたい			
		トレーサビリティを強化したい			

（5）現場に受け入れられるデジタルツール5つの特徴

　解決したい現場の課題や導入したいデジタルツールのイメージが明確になったとしても、現場がデジタルツールを使いこなせなければ効果は発揮されません。効果を生み出しやすい、あるいは製造現場に馴染みやすいデジタルツールとはどのようなものでしょうか。いくつか特徴を見ていきましょう。

　まず、導入効果の確証が得られない段階では、会社全体あるいは工場全体にデジタルツールを一斉展開するという投資判断にはなりにくく、経営からの承認を得ることは困難です。ポイントは以下の5つが挙げられます。

　　①ローコスト
　　　安く始められる

　　②スモールスタート
　　　モデル設備やモデルラインから部分的に小さく始められる

　　③レトロフィット
　　　古い設備のままでも始められる

　　④ハンドメイド
　　　自分たちで実際に触れながら適用できる

　　⑤アップデート
　　　自社の職場にフィットするように調整・改造しながら
　　　ブラッシュアップできる

　①あるいは②を優先し、成功体験を積み重ねることが大切です。また工場にある設備は、最新のものもあれば何十年も使い込んでいる古いものもあるため、③もポイントになります。さらに、工場の作業員には機器・設備いじりを好む気質の方も多いことから、④や⑤の要素も必要になると考えられます。

　特に「これから製造現場のデジタル化に着手したい」という企業

では、①〜⑤のような特徴をもったデジタルツールから導入を始めるとよいでしょう（図表3-12）。

　製造現場のデジタル化は一朝一夕とはなりません。自分の職場へのフィット感を確かめながら、トライ＆エラーを繰り返すというプロセスそのものに代えがたい価値があります。このようなプロセスが製造現場のリテラシーを高め、デジタルツールを日常業務に深く根づかせることにつながります。

図表3-12　デジタルを活用した製造現場の課題解決5つのポイント

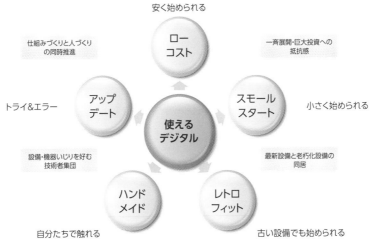

　この7つ道具を、ものづくり現場でうまく活用している2社の事例を見ていきましょう。

> **事例1［IoL］**　国内食品メーカーA社（構内物流業務）

　A社の工場内ではフォークリフト50台、物流担当者45人が業務にあたっており、フォークリフトを使って工場内のものを移動させています。しかし、これまで稼働率を把握しておらず、フォークリ

フトの台数や従事する物流担当者の人数が適切なのかどうかが不明なままでした。レイアウトやフォークリフトの動線が悪いことは感覚的に把握していたものの、どこをどう改善すればよいかがわからないというのが、A社の困りごとでした。稼働状況を分析するにもかなりの手間がかかり、検討・議論もなかなか進まないという状況もありました。

　そこでA社では、まず50台のフォークリフトの動きを可視化してみようと考えました。工場敷地や施設内にBeacon（ビーコン）と呼ばれるセンサー（発信機）を張り巡らせ、フォークリフト1台1台には受信機（スマートフォン）を装着しました。各ビーコンは個別のIDを持っており、受信機を装着したフォークリフトがそのビーコンの近くを通過すると、フォークリフトの受信機がビーコンの電波を受信。フォークリフトがビーコンを通過した場所と時刻をデータとして蓄積していきます。特定の位置情報をビーコンが発信し、フォークリフトが位置情報を受信することで、個々のフォークリフトの動きを常時トレースし、時間・位置情報・走行距離をデータとして定量化できるようになったのです。このようにして日々データを蓄積し、ヒートマップなどの形で可視化した結果、1日のうちの仕事の濃淡や週末偏重の稼働など、今まで感覚的に捉えていた現場の課題が浮き彫りになり、改善に活かすことができました（**図表3-13**）。

図表 3-13　フォークリフトの動きを可視化

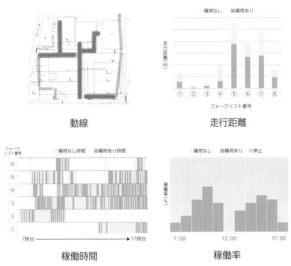

動線　　　　　　　　　　　　走行距離

稼働時間　　　　　　　　　　稼働率

事例2 [IoO]　　**国内釣具メーカーB社**

　B社では、労働生産性を向上させ、製造コストの2割削減をめざすプロジェクトを立ち上げ、その第一歩として、現状の問題把握を行うことにしました。しかしこれまでは、1日の生産計画に対してどの製品にどれくらいの工数をかけたのか、また追加でどのような作業をしたのかといった作業実績を取れていませんでした。製造現場では、紙ベースの作業日報に時系列でどのような作業をしたのかを記載して提出するケースも多く見られます。B社では作業日報の作成・提出は行ったことがなく、いざ導入するとなると、作業員にとっては業務が増えることになるため抵抗感も強く、なかなか実績収集に踏み切れませんでした。

　そこで、人の手で記入するのではなく、スマートウォッチやスマートフォン、そしてビーコンを導入することにしました。先述のA社と同じ仕組みで、作業の前後にスマートウォッチをビーコンにタッ

チする、もしくはスマートフォンを操作して作業ログを取得するようにしました。作業指示書ごとにスマートウォッチやスマートフォンで作業を計測することで、全作業員の作業実績の把握ができ、結果として現場が抱えている課題が判明し、改善につなげることができました。

3 自社にフィットした デジタルツールをどう選ぶか

　デジタルツールの導入段階で各社の壁となるのが、「数あるデジタルツールの中から自社にフィットしたものをどのように選定するか？」ということです。

　たとえば、設備や機器の稼動状況を把握する IoA をモデルに考えてみましょう。単に「設備稼働率を捉える」と言っても、その方法は様々です。

　　・人手でボタン押下することで稼働・停止の時間を計測する方法
　　・設備のシグナルタワーの点灯色を画像判定して稼働・停止の状態を把握する方法
　　・センサーでシグナルタワーが発信する信号を取得する方法
　　・PLC やシーケンサーといった制御システムから直接データを取得する方法

など

　ツールも方法も多岐にわたる中で、何を選べばよいのか、といったことに悩んでいる企業も少なくありません。

最適なツールを選ぶうえで第一に大切なことは、ツールの導入・活用によって「何をめざすのか」「何を実現したいのか」といった目的を明確にすることです。たとえば、IoA の視点からデジタルツールを使って設備稼働率を出す場合、つぎのような目的が考えられます。

- ・総量としてどれだけロスがあるのかを正しく現場に見せ、まずは問題意識を醸成したい。
- ・これまで月次で生産性を把握していたが、日ごとに実績として現場にフィードバックして PDCA サイクルを早めたい。
- ・「今どうなっているのか」をリアルタイムで管理して、進捗遅れの挽回・回避を即座に行いたい。
- ・「これからどうなるか」トラブルの予兆をとらえ、問題を未然に防止したい。

など

可視化によって何をめざすかについては、それぞれのものづくりの現場によって異なります。めざす姿が異なれば当然デジタルツールが具備すべき機能やダッシュボードの見せ方も異なります。

検討メンバー間でも目的やめざす姿がすり合っていないケースがしばしば見られますので、デジタルツール導入後のイメージをきちんと討議し、ツール導入パートナーにそのイメージを正しく伝えきることが重要です。

次に、**可視化するデータの「深さ」を明らかにします（図表3-14）**。

たとえば、設備稼働率をモニタリングする場合、ロスの総時間だけが見えればよいのか、「停止ロス」「性能ロス」「不良ロス」といったロスの構造で可視化すべきなのか、構造と合わせてロスの発生要因まで可視化すべきなのか、あるいは、設備単体ではなくロスの発

生につながる人や設備などの要素と連携させて可視化するのか。めざす姿を実現するために、どこまで深く掘り下げたデータを収集する必要があるのかについて明らかにします。

　問題発見・解決を検討する単位とデータを可視化する単位にずれが生じていると有効な原因追求・対策立案につながりません。どこにどのようなロスがどの程度発生しているかを明らかにして改善対象を重点化したい場合には、ロスの構造で可視化することが有効となりますが、停止ロスが重点とわかっている場合は、その内容や要因まで深掘りしたデータが必要になります。このような問題発見・解決の検討単位と可視化するデータの単位を合わせることが「深さ」という視点での検討です。

図表3-14　データの「深さ」

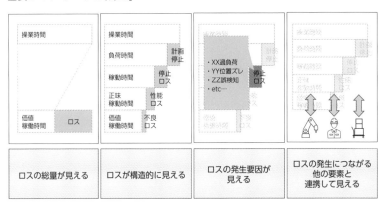

深さと合わせて検討するのが、データの「鮮度」です。鮮度とは、収集・集計したデータをどのようなサイクルやタイミングで製造現場にフィードバックするか、という視点です（**図表3-15**）。

　月次単位で見えるようにすればよいデータもあれば、週次単位・日次単位・シフト単位で可視化すべきデータもあるでしょう。あるいは時間単位や分単位、場合によってはリアルタイムで即時に可視

化すべきデータもあると思います。ここで注意したいことは、**すべてリアルタイムで可視化すべきというわけではないということ**です。たとえば、設備稼働率の数値をリアルタイムで表示したからといって、何か有効な対策が打てるかというと、たいていの場合はそうなりません。重要なことは**アクションを起こせるタイミングと可視化するタイミングを合わせる**ことです。設備トラブルが発生したことを瞬時にとらえ、エンジニアリング担当が即座に製造現場に駆けつける運用をめざすのであればリアルタイムは有効です。一方で、今日の生産実績から問題点を把握し、翌日の朝礼で注意ポイントを喚起する運用を想定した場合は、リアルタイムの情報は不要です。データの収集タイミングは検討が必要ですが、少なくともデータの集計は日次単位やシフト単位で十分です。

　データの鮮度が高ければ、その分だけ収集・集計プロセスが膨大になります。その結果、デジタルツールもハイスペックな仕様をとる傾向となり、価格も上昇する可能性が高くなります。

図表3-15　データの「鮮度」

このように、自社にフィットしたツールを選定するためには、まず目的・めざす姿を明確化することが第1ステップです。そのうえで、「データの『深さ』」と「データの『鮮度』」という2つの視点をふまえて、ツールを選択することが重要です（**図表3-16**）。

図表3-16　ツール選定のステップ

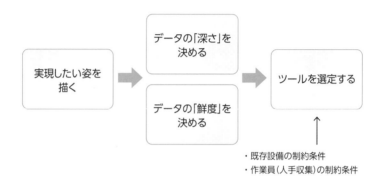

第4章

自社工場を
スマートファクトリー化せよ！

～最適化領域の取り組み～

1 スマートファクトリー構築の重要ポリシー

　これまで述べてきたように、課題解決領域は、ものづくりの現場で日々発生する様々な問題や課題を、デジタルツールを活用して可視化し、トライ&エラーを繰り返しながら改善していく取り組みです。では、デジタルツールを活用して、いわば身近で起こる問題解決を積み重ねていけば、スマートファクトリーを構築できるのでしょうか。第2章でも述べたように、スマートファクトリーを構築するには、**ものづくりの仕組み全体、さらにはサプライチェーンを含めた広範囲に視座を上げて改革に取り組んでいく必要があります**。課題解決領域における取り組みと大きく異なることを、この章を通して解説していきたいと思います。

　では、「自社工場をスマートファクトリー化せよ！」という課題に対して、どのように取り組んでいけばよいか。まずはよくある失敗から見ていくことにします。

（1）スマートファクトリー構築のよくある失敗

　昨今のデジタルツールはまさに百花繚乱の感があり、魅力的なものが日々生まれています。スマートファクトリーやDXの名を冠した展示会に足を運ぶと、今すぐにでも導入したくなるようなデジタルツールがあふれています。スマートファクトリーのイメージも膨らむばかりでしょう。

　こうした状況のなかで、社長の号令のもとスマートファクトリー化プロジェクトが発足したC社の事例を見てみましょう。

　C社では、経営企画部門を中心としたプロジェクトチームが編成されましたが、何から手をつけて良いかわからない担当者のZさんは、手始めに展示会の会場に足を運んで情報収集を行うことにしま

した。展示会のブースで最先端のデジタルツールを手に取って体験
してみると、自社で実現したいスマートファクトリーのイメージが
いくつも浮かび上がってきます。

・VRを使った新人教育ができそうだ
・AIを活用すれば品質検査を自動化できるかもしれない
・従業員全員にタブレットを配布してリアルタイムに作業指示でき
　るようにしよう。タブレットで実績入力もできれば一石二鳥だ
・工場中にビーコンセンサーを張り巡らせて、人やものの位置・動
　線を見える化しよう
・カラーバーコードを使って資材入出庫のミスをなくしたい
・ウェアラブル端末を使ってピッキング作業を効率化しよう
・様々なデータをクラウド上で一元管理してKPIを見える化しよう

　Zさんは、早速プロジェクトメンバーと検討を行い、展示会で見
聞きしたデジタルツールを組み合わせたスマートファクトリー構想
を立案しました。

図表4-1　C社が描いたスマートファクトリー構想

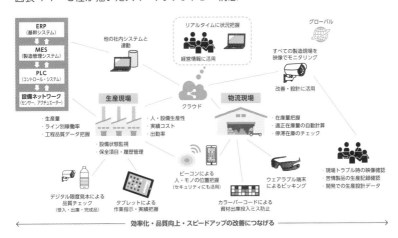

そして、プロジェクトメンバー全員で時間をかけて綿密なプレゼン資料を作成し、自信を持って経営答申を行いました。
　しかし、社長の反応は予想に反して厳しいものでした。

・工場で解決すべき優先課題は何か？
・工場の課題を解決するためにはここに挙げたツールがベストなのか？
・そもそも投資対効果は見込めるのか？
・必要十分な施策は出尽くしているのか？　もっと優先すべきことがあるのではないか？

　これらの社長の質問に応えきれなかったプロジェクトメンバーは、結局最初から検討をやり直すことになりました。

　このようなケースは、C社に限らずしばしば目にする状況です。
　C社の最大の失敗要因は「ツール起点」でスマートファクトリーの構想を描いたことにあります。C社のメンバーは、展示会で体験した最先端のツールを使って「何ができるのか？」という発想で自社のスマートファクトリーを考えました。スマートファクトリー構築においては、最初にこのような"可能性発掘型"アプローチをしてしまうと、残念ながら失敗するケースが大半です。
　先述したように、デジタル技術・ツールともに日進月歩で進歩しています。したがって、C社のプロジェクトメンバーが描いたスマートファクトリー構想図も、企画構想の時点では最先端のものであっても、実際に稼働するときには陳腐化してしまっている可能性が高いのです。
　たとえば、C社が施策に挙げた「VRを使って新人教育を行う」場合の背景にある課題を考えてみます。仮にC社が大幅な増産を

計画していて、増産に耐えうるキャパシティの向上が喫緊の課題であったとします。そのためには各ラインでの増員が必要であり、それに伴い新人スタッフの早期戦力化が改革テーマの1つとして考えられるかもしれません。

ところが、「新人の早期戦力化 = VR の活用」という考え方が課題解決に直結しているかどうかは別の話です。部分的には正しいかもしれませんが、必要十分とはいえません。VR のツールを導入しなくても、視覚的に作業内容を理解できる簡易な映像マニュアルをつくる、AR による作業補助を行う、遠隔指示で作業支援を行うなどの選択肢もあるはずです。あるいは、ラインそのものを自動化することによって、スタッフによる作業が不要となる工程設計をめざすという選択肢もあります。

デジタル化やツール導入はあくまでも手段にすぎません。**重要なことは、「スマートファクトリーを構築することで何を実現したいのか?」を明確にすること**です。先の C 社の例でいえば、課題の核心は増員される新人スタッフの早期戦力化を通して「キャパシティ向上を早期に実現すること」です。このような実現したい姿を明確化し、方向性を共有しておけば、手段としてのデジタルツールはその時々の技術動向や予算を鑑みて最適なものを選択すればよいのです。「実現したい姿」の中には、もしかしたら現在の技術水準では実現できないこともあるかもしれません。ただし、数年後には技術が追いついてくることもあります。

スマートファクトリーを考えるうえでは、日々進化するデジタル技術と表裏一体であるというその性質上、**デザインアプローチで進める方法がフィット**します。繰り返しになりますが、ツールを起点として「何ができるか?」という可能性発掘型アプローチではなく、「何を実現したいのか?」という経営課題からのアプローチが何よりも重要なのです。

まずは解決すべき経営課題を明らかにしたうえで、実現のためにはどのような事業プロセス・業務プロセスに変革しなければならないのか。このことを突き詰めて考えることがスマートファクトリー構築の第一歩であるとともに、最も大切にしたいポリシーです。

　他社で導入している最新のデジタルツールが魅力的に映るのも、DXの潮流に乗り遅れまいと導入を急ごうとするのも理解できますが、いったん立ち止まって、冷静に自社を見つめ直すことが結局のところ近道となるのです。

⑵　答えは1つではない
～経営課題に立脚したコンセプト立案が成功の鍵～

　ツールを起点として「何ができるか？」という可能性発掘型アプローチではなく、「何を実現したいのか？」という経営課題からのアプローチがなぜ重要なのでしょうか。

　私たちがこのように主張する背景には、「**スマートファクトリーの答えは1つではない**」という基本的な考え方があります。100社あれば100通りのスマートファクトリーのゴールがあってよいはずですし、スマートファクトリーのめざす姿は各社各様であるはずだと考えています。

　たとえば、スマートフォンのものづくり戦略を例に取ってみても、多くの日本企業が内製化で対応したのに対し、Appleはファブレス化（自社で工場を持たず、外部に委託を行うビジネスモデル）を志向しました。内製化を行う場合、自社工場の生産性をいかに高められるかが主要課題となりますが、ファブレスの場合はサプライチェーンネットワークをいかに構築できるかが主要課題となります。

　別の例として食品メーカーであれば、消費期限の長い冷凍食品や製菓は集約拠点での大量生産を行うことが多いのに対し、消費期限

の短い日配品や、物流コストがかさむ飲料は地産地消で行うことが多くなります。集約拠点での大量生産であれば、工場の生産性向上や物流網の構築が主要課題になりますが、地産地消であれば拠点間の製造プロセスの標準化や負荷の平準化、サプライヤー編成などが主要課題となるでしょう。

　自動車業界でもトヨタのようなフルライン戦略を採る企業もあれば、スズキのように軽自動車に特化した集中戦略を採る企業もあります。この2社が抱える課題はおそらく異なるはずです。

　このように、業界が異なれば、あるいは同一業界であっても取り扱う製品の特性やポジションが異なれば、めざすべきものづくりのあり方は異なるのです。もちろん会社のポリシーによってもあり方は異なります。つまり、**解決すべき経営課題そのものや、課題を解決する事業・業務のあり方は各社各様**です。したがって、各社がめざすべきスマートファクトリーに共通した唯一無二の最適解はなく、スマートファクトリー構築メソッドは各社固有の最適解を導くアプローチでなければなりません。他社の先進事例の真似ごとをしたり、先端ツールを組み合わせたりしたからといって、必ずしも自社にとってベストなスマートファクトリーになるとは限らないのです。自社の事情や環境に合わせてゴールを定めて取り組みを進めていく必要があります。

　自社が解決すべき経営課題は何か、実現のためにはどのような事業プロセス・業務プロセスに変革しなければならないのか、**経営課題に立脚した「自社にとってのベスト」を考えることが成功のカギ**であると考えます。

　本書では、このような考え方に基づき、自社にとってのベストを考える思考プロセスや検討ステップを提示することをねらいとしています。

（3） 事業プロセス全体を俯瞰し、その中で工場のあり方を考える

　では、自社にとってベストといえるスマートファクトリーの姿はどのように描けばよいのでしょうか。

　工場のめざす姿をデザインするにあたっては、ものづくり現場だけの「閉じた」検討だけでは不十分です。 ものづくり現場であれば、設備や人の生産性を高めて製品1個あたりのコストを引き下げたいという課題は少なからずあるはずです。しかし、これは経営的に見てクリティカルな課題なのでしょうか。

　ある食品メーカーD社でこのようなことがありました。

　D社の工場では、設備稼働率がKPIとして設定され、設備稼働率向上のためにトラブルによる設備の停止の予防や不良削減に取り組んでいました。振動センサーを用いた異常の予兆把握や検査装置の導入など、デジタル投資も盛んです。ところが、製品開発部門が新製品の試作を依頼しても、段取替えや設備条件設定に時間がかかるという理由から、常に工場の顔色を伺う必要がありました。工場の稼働状況によっては後回しにされることもたびたびです。

　D社の場合、会社全体の経営的視点に立つと、短サイクルで新製品を上市することがKFS（Key Factor for Success：重要成功要因）であることは明らかでした。設備稼働率向上がものづくり現場で重要視すべきKPIであることは認めますが、この食品メーカーの工場が喫緊で取り組むべきは、試作品のスピーディーな対応です。試作依頼に素早く対応できる生産計画や情報管理の仕組みの構築、段取時間の大幅短縮、あるいは小ロット対応が容易な設備・工程設計などの要素が優先されるべきでした。

　D社の場合、ものづくり現場だけの視点で考えていたため、個別最適に陥ってしまったといえます。このように、必ずしも**現場の最適化がものづくり全体の最適化になるとはいえない**のです。

よって、ものづくり全体の最適化を考えるためには、より視座を高めて検討し、**事業プロセス全体を俯瞰した課題設定を行う必要が**あります。

　具体的には、**図表4-2**のように、ものづくりを取り巻く周辺チェーンから、ものづくりへの要求を捉え、工場が果たすべき役割を考えることが求められます。

図表 4-2　ものづくり全体の最適化を考える視点

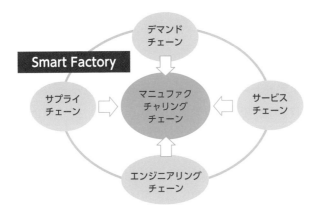

　この中の「マニュファクチャリングチェーン」とは、「ものづくり現場」のことを指しますが、スマートファクトリー構築においてはこれを取り巻く「デマンドチェーン」「サプライチェーン」「エンジニアリングチェーン」「サービスチェーン」という4つのチェーンから、ものづくりのあるべき姿を検討することが大切です。各チェーンの役割について見ていきましょう。

①デマンドチェーン

　エンドユーザーや営業部門の要求と、ものづくり機能の果たすべき役割を考えます。

たとえば、食品メーカーのように製品の「安心安全」の担保が至上命題とされる企業の場合はどうでしょうか。製品が個々に完全なトレーサビリティを実現できるものづくりの仕組みがあれば競争力につながる可能性が高いといえます。

　あるいは、大量生産型の工場を持つ企業が、顧客の個別要求・個別仕様にきめ細やかな対応へと変革する必要に迫られている場合はどうでしょうか。仮に大量生産型の工場であったとしても、1個づくりやマイクロロット生産に対応できる工場への転身が求められるでしょう。そうなると、従来の工程設計・作業設計の考え方を抜本的に見直す必要に迫られます。

②サプライチェーン

　原材料調達や物流機能との関係の中で、ものづくり機能の果たすべき役割を考えます。

　たとえば、自動車業界ではグローバルに展開する多数の生産拠点のどこで生産するかによってコストに大きなインパクトを与えることがあります。各国からの受注状況に加え、各拠点の生産負荷の状況や為替レート、物流コストなどを勘案し、いつどこで何をつくるかを的確に見定めコントロールすることが競争優位につながります。このようなケースの場合、拠点と製品がN：Nの関係でも同じQCD（品質、コスト、納期）パフォーマンスで製造できるものづくりの仕組みや、サプライヤー編成が必要となります。

　他にも、在庫リスクが非常に大きい企業であれば、その時々の受注状況や在庫状況を見ながら生産のアクセルとブレーキをコントロールすることが求められます。そのような場合には、リードタイムを極限まで圧縮して引付生産（出荷日同期生産）が可能となるようなものづくりの仕組みが競争力につながるかもしれません。

③エンジニアリングチェーン

製品競争力の強化につながるものづくり機能のあり方を考えます。

たとえば、先の食品メーカーD社の事例のように、新製品の開発サイクルの短縮が競争優位となるのであれば、スピーディーな試作品対応ができるものづくりの仕組みを構築する必要があります。あるいは、過去の不具合情報などに基づき、設計部門に情報をフィードバックする仕組みが有効になるかもしれません。

④サービスチェーン

アフターサービスを含む製品ライフサイクル全体の中で、ものづくり機能の果たすべき役割を考えます。

たとえば、産業機械メーカーのように、製品の使われ方をモニタリングしてアフターメンテナンスを喚起するビジネスを企画した場合はどうでしょうか。メンテナンス予測情報と連動したものづくりができる仕組みがあれば競争力につながるかもしれません。

また、ハウスメーカーのように、注文品の生産状況が見えることがファンを生む要素になっている企業ではどうでしょうか。工場の様子や工程の進捗状況を顧客と共有できる仕組みがあれば競争優位につながるかもしれません。

以上、4つのチェーンとして紹介した内容はあくまで一部の例ですが、ものづくり現場＝マニュファクチャリングチェーンの中だけで考えず、現場を取り巻く周辺チェーンまで視野を広げ、工場として貢献すべきことを考えることが大切です。つまり、**事業プロセス全体を俯瞰し、その中で工場のあり方を考えることが、「自社にとってのベスト」なスマートファクトリーの姿を描くにあたっての欠か**せない観点といえるでしょう。

（4） 自社にとってのベストを追求せよ

　ここまで述べてきたことを改めて整理してみましょう。

・ツール起点の可能性発掘型のアプローチは失敗する
・「デジタルツールを活用して何を実現したいか？」という経営課題に立
　脚したコンセプトの立案が成功のカギ
・そのためにも、事業プロセス全体を俯瞰する必要がある
・具体的には、デマンドチェーン・サプライチェーン・エンジニアリン
　グチェーン・サービスチェーンと言ったものづくりを取り巻く周辺
　チェーンから工場の果たすべき役割を考える

　繰り返しになりますが、スマートファクトリーに唯一無二の最適
解はありません。

　めざすべきスマートファクトリーのゴールは各社各様であり、自
動車メーカー、食品メーカー、化学品メーカーでは、それぞれめざ
す姿は異なります。また、同じ業界であっても業界トップクラスの
リーダー企業とチャレンジャー企業、フォロワー企業、ニッチャー
企業ではめざす姿は異なるはずです。加えて各社のポリシー、製品
特性、工程・設備、保有するリソースなどによってもめざす姿は異
なります。

　重要なことは、他社の先進事例を知ることでも、先端ツールを調
べ上げることでもありません。**自社が解決すべき経営課題を捉え、
課題解決を実現する事業・業務プロセスのあり方を考えることです。**
そのためには自社固有の事情を踏まえ、経営課題にまでリーチする
必要があり、それができない限りスマートファクトリーの成功はあ
り得ません。

　「自社にとってのベスト」を追求する姿勢こそ、最も重視すべき
ことなのです。

（5）　自社のあるべき姿を考えるための思考テンプレート
「スマートファクトリーイメージセル」

「ものづくりを取り巻く周辺チェーンから工場の果たすべき役割を考え、経営課題に立脚したスマートファクトリーコンセプトを立案する」とは言っても、実際には容易なことではありません。営業機能、設計開発機能、サプライチェーン統括機能、製造機能、経営企画機能など、各関係機能の意見を集約し、めざすべきスマートファクトリー像をまとめあげることは骨の折れる作業です。

ここで、エンジニアリングチェーンにおける課題の例をいくつか挙げてみましょう（図表4-3）。

図表4-3　エンジニアリングチェーンにおける課題の例

コンプレッサーメーカーE社	逼迫した設計リードタイムにおいて設計図面の精度が低いことが問題視されていた。実際、それが原因で製造段階では想定していなかった品質の問題がいくつも明らかになり、納期遅延もしばしば発生している状況。
特殊車両メーカーF社	製造現場での調整作業（いわゆる現合作業）が常態化しており、デザインレビュー（DR）が機能していないことが問題視されていた。
化成品メーカーG社	設計品質はあるベテラン知見者に依存しており、その人のノウハウが組織知化されていないことが問題視。結果、設計担当者によって不具合の発生傾向に差が生じている状況。

これらは、私たちが実際にコンサルティングをする中で遭遇した課題です。

各社によって抱える事情は異なれども、これらの課題の根底には共通した要素が見出せます。それは、「**源流段階で漏れのない評価ができる仕組みが整備されていないこと**」だと解釈できます。つまり、製造実績データを設計へフィードバックすることで、設計段階で不具合を未然に抑え込む仕組みが必要とされていたのです。

このように、ものづくりを取り巻く周辺チェーンの視点から製造

業各社が抱える個別の課題を一つひとつ抽出してみると、いくつか
の共通項が見出せました。これら共通の課題を抽出・再整理し、ス
マートファクトリーのめざすシナリオとして言語化できれば、どの
ような業種や規模の会社であっても自社が抱える課題に近いものが
必ず当てはまり、スマートファクトリーとしてめざす姿を検討する
際のヒントになるはずです。

　これを「スマートファクトリーイメージセル」（以下、イメージ
セル）と名付けました（**図表 4-4、カラー版は巻頭を参照ください**）。

図表 4-4　スマートファクトリーイメージセル

A（青色）：エンジニアリングチェーン

B（赤色）：サプライチェーン

| 消費地生産を管理する仕組み | 設計データからシームレスにものづくりできる仕組み | 素早い価格・納期回答ができる仕組み | いつ、どこで何を作らせるか判断できる仕組み | 物流コストを抑える仕組み | 出荷同期生産を行う仕組み |

短納期対応　　　機会損失の極小化　　　サプライチェーンコストの極小化

| 精度の高い需要予測の仕組み | サプライチェーン全体の在庫が見える仕組み | 多頻度出荷できる仕組み | 配車手配最適ルート選択ができる仕組み | 負荷変動を抑える仕組み | 最適サプライヤーを選択できる仕組み |

需給バランス化　　　即納体制の構築　　　安定した生産

| 場所に依存しないものづくり | サプライチェーン共創ネットワークの仕組み |

従来のリソースに縛られないものづくり　　　シェアリング体制の構築

C（緑色）：主に製造現場で取り組む課題

| 人のスキルに依存しないものづくり | 品質コストが最適化される工程・作業設計の仕組み | 従業員のスキル差をカバーする仕組み | 個々のスキルを向上させる仕組み | 負荷を適切にコントロールする仕組み | 付加価値時間比率を高める仕組み |

従来のリソースに縛られない　　　従業員の能力を最大限発揮　　　従業員の能力を最大限発揮
ものづくり　　　スキル差の補完　　　工数の活用

| 部品個体差を吸収し完成品品質維持する仕組み | 原材料廃棄ロスを最小に抑える仕組み | 信頼性の高い品質記録の仕組み | 品質問題発生時の影響を最小に抑える仕組み | 製造実績データで改善プロセスが活性化する仕組み | SX実績データで改善プロセスが活性化する仕組み |

品質管理のレベルアップ　　　品質保証のレベルアップ　　　改善活動が活性化する工場

| 環境配慮型生産を行う仕組み | 発生経費のバランスを最適に管理できる仕組み |

環境に配慮したものづくり

D（黄色）：デマンドチェーンからの経営課題

高品質であることを
工場が保証する
仕組み

生産者の
顔が見える
仕組み（匠）

注文品の
生産進捗状況が
顧客に見える
仕組み

安心安全を
保障する仕組み

売りたい方向に
顧客を誘引する
仕組み

ものづくりのブランド化

安心安全なコーポレート
イメージの確立

顧客のニーズに応えつつ
売れ残りも防ぎたい

顧客の
潜在ニーズを
引き出す仕組み

納品した品が
新たな付加価値を
生む情報源となる
仕組み

販売後の新たな収益源の確立

　イメージセルは、ものづくりを取り巻くチェーン（デマンドチェーン・サプライチェーン・エンジニアリングチェーン・サービスチェーン・マニュファクチャリングチェーン）の視点から、よくある経営課題を帰納的に抽出したものです。

　A（青色）のセルは主として開発設計〜製造と言った「エンジニアリングチェーン」における経営課題を記載しています。B（赤色）は主として「サプライチェーン」の課題。C（緑色）は主に製造現場で取り組む「マニュファクチャリングチェーン」の課題、D（黄色）はデマンドチェーン・サービスチェーンからの要望と価値提供というようにカテゴライズをしています。

　イメージセルは、**自社のめざす姿を検討するための、いわば思考テンプレート集**です。先述の通り、経営課題を漏れなく抽出していくのは大変な作業ですが、イメージセルを介して行えば、自社のめざす姿がイメージしやすくなり、課題もより具体的に抽出できるようになるはずです。自社なりのスマートファクトリーをデザインする足掛かりとしてイメージセルを活用することで、効率的なコンセプト設計が可能になります。

なお、イメージセルは、ここにある50すべての項目の実現をめざすものではありません。自社の重点課題に当てはまるセルを選択し、どのセルとどのセルを実現できればベストといえるのかを取捨選択していくのが正しい活用の方法です。イメージセル一つひとつの内容については、第5章で詳しく解説します。

(6) イメージセルの実現レベル設定

　イメージセルを用いれば、自社の実現したい姿の方向性は描きやすくなるでしょう。ただし、実現したい姿は同じだとしても、めざすレベルはまた各社各様です。そこで、各社のめざすレベルを設定するために、イメージセルの項目一つひとつは、5つの段階にレベル分けされています。

　5段階レベルの設定は、共通基準として**図表4-5**を1つの指針としています。（このレベル分けに親和性の低いテーマもありますが、それらについては独自の基準でレベル設定をしています）。

　導入をめざすデジタルツールのなかには、現在のところは技術として確立していないものも含まれていますが、「実現したいことははっきりしているけれども、実現する手段がない」というギャップを認識できるだけも大きな価値があるため、あえて記載しています。

　これが「ツールからの発想」との大きな違いです。

図表 4-5 「スマートファクトリー イメージセル」の実現レベル

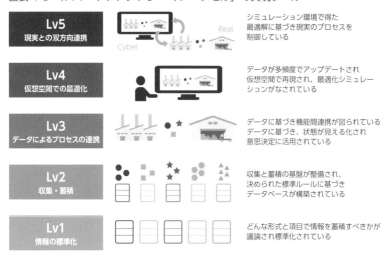

Lv5 現実との双方向連携	シミュレーション環境で得た最適解に基づき現実のプロセスを制御している
Lv4 仮想空間での最適化	データが多頻度でアップデートされ仮想空間で再現され、最適化シミュレーションがなされている
Lv3 データによるプロセスの連携	データに基づき機能間連携が図られているデータに基づき、状態が見える化され意思決定に活用されている
Lv2 収集・蓄積	収集と蓄積の基盤が整備され、決められた標準ルールに基づきデータベースが構築されている
Lv1 情報の標準化	どんな形式と項目で情報を蓄積すべきかが議論され標準化されている

　レベル分けの具体例として、**図表 4-3**（エンジニアリングチェーンにおける課題）で挙げた、「源流段階での漏れのない評価ができる仕組み」についてみてみましょう（**図表 4-6**）。

図表 4-6　イメージセル実現レベルの例
　　　　　「源流段階での漏れのない評価ができる仕組み」

Lv5	現実との双方向連携	実装段階、量産段階の改善必要情報を吸い上げ、設計者に修正を促す。同様のリスクを孕む製品をピックアップし修正を促す。（デジタルツイン）部位によっては自動的に使用が決まるようになっている。
Lv4	仮想空間での最適化	設計段階で設計者に推奨設計仕様が提示される。あるいは、過去不具合に起因する設計に対し注意喚起を行う。
Lv3	データによるプロセスの連携	蓄積されたデジタルデータに基づき、設計者にそのフィードバックがなされ、次回設計に反映するプロセスが機能している。
Lv2	蓄積	標準フォーマットに基づき、DR 情報、工程不具合情報、市場クレーム情報などが蓄積されている。
Lv1	情報の標準化	過去の不具合データが活用可能な項目で記録される。記録方法が標準化されている。

ある企業にとっては、レベル1の「過去の不具合データが活用可能な項目で記録される。記録方法が標準化されている」を当面のゴールにすればいいかもしれません。このレベルは既にクリアできているということであれば、レベル2「標準フォーマットに基づき、DR情報、工程不具合情報、市場クレーム情報などが蓄積されている」状態をゴールとして設定できます。情報の標準化や蓄積ができている企業であれば、レベル3「蓄積されたデジタルデータに基づき、設計者にそのフィードバックがなされ、次回設計に反映するプロセスが機能している」という、データに基づくプロセス連携をめざすことが考えられます。さらに上位の段階では、レベル4「設計段階で設計者に推奨設計仕様が提示される。あるいは、過去不具合に起因する設計に対し注意喚起を行う」、レベル5「実装段階、量産段階の改善必要情報を吸い上げ、設計者に修正を促す。同様のリスクを孕む製品をピックアップし修正を促す。（デジタルツイン）部位によっては自動的に仕様が決まるようになっている」というレベルが設定されています。

　このような5段階の中で、**自社が到達したいレベルを設定できれば、これをベースに業務のTo-Beがより鮮明にデザインできるはず**です。

　ここまでのことをイメージできると、「到達したいレベルを実現するためにどのようなデジタルツールを用いればよいのか」が明確になり、自社のスマートファクトリー像と導入すべきデジタルツール群が具体的に見えてきます。

　レベル1であれば不具合事象を簡易に記録・蓄積するツールが必要でしょうし、レベル2であれば各種情報を一元化する統合データベースが必要になるでしょう。レベル3以降はPLMや最適化アルゴリズム（シミュレーション）といった高度なシステムを視野に入れなければなりません。

イメージセルで描く「実現したい姿」は同じであったとしても、めざすレベルが異なれば導入すべきデジタルツールも異なります。よって、めざすレベルの設定を誤ると導入したデジタルツールがオーバースペックになってしまったり、逆に機能不足になってしまったりして、目論見通りの成果が出ない、現場で使われない、といった不幸な結果を招いてしまうことになりかねません。

　このようなミスマッチを防ぐためにも、イメージセルの実現レベル5段階をリファレンスとして活用することが有効です

（7）左からの発想で描くスマートファクトリーコンセプト

　ここで初めて「デジタルツールの導入」という言葉が登場しました。お気づきの通り、ここまで一切デジタルに触れてきませんでした。

　スマートファクトリーを考える上では、ツール起点で「何ができるか？」という可能性発掘型アプローチではなく、「何を実現したいのか？」という経営課題からのアプローチが何よりも重要と主張してきました。

　あらためて整理すると、スマートファクトリーのコンセプトをデザインするためには、つぎのような手順で検討を進めることが肝要です。

　①ものづくりを取り巻く周辺チェーンから事業プロセス全体を
　　俯瞰し工場のあり方を考える

　②工場のあり方を考えるにあたってはイメージセルを媒介とし
　　ながら自社の実現したい姿やその達成レベルを設定する

　③それを実現するデジタルツールを取捨選択する

イメージセルを媒介とした実現したい姿の設定と、5段階で示しためざすレベルの設定ができたうえで、初めてデジタルツールの導入を考えればいいのです。

これを私たちは「**左からの発想**」と呼んでいます。決して右からの発想（ツール起点での発想）をしないことがポイントです。左から順に検討できれば、自社の経営課題に立脚したコンセプトが立案でき、自社にとってベストといえるスマートファクトリーコンセプトを描くことができます（**図表4-7**）。

図表4-7　スマートファクトリーコンセプトの検討手順

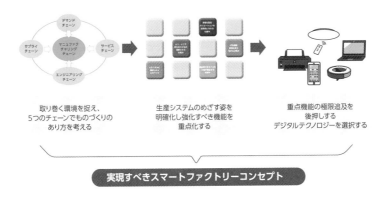

取り巻く環境を捉え、
5つのチェーンでものづくりの
あり方を考える

生産システムのめざす姿を
明確化し強化すべき機能を
重点化する

重点機能の極限追及を
後押しする
デジタルテクノロジーを選択する

実現すべきスマートファクトリーコンセプト

(8) イメージセルを活用したスマートファクトリーのコンセプトづくりの例

海外にも工場を持つ国内化粧品メーカー H 社の事例を見てみましょう。国内需要が減少しているために H 社の国内工場では、人や設備が余っている状況でした。一方、アジアをはじめとする海外市場での需要が大きく膨らんだため、海外にある工場はフル稼働でも生産が追いつかない状態でした。生産品に注目すると、品種数は増加し続け、ロットは縮小傾向にありました。これまでの大量生産体制から、多品種少量生産へと変わり、ものづくりの難易度が上がっ

ていたのです。結果として、収益性は低下しコストダウンの必要性
に迫られていました。

　H社の困りごととしては、つぎのようなことが挙がりました。

・国内と海外の拠点間の操業度にばらつきがある
・国内工場で蓄積されたノウハウが海外工場に展開できておらず、
　海外工場の生産性が低い
・結果として、海外拠点中心に納期遅れやクレームが発生し、顧客
　からの信用を落としてしまう

　これらについて、まずは5つのチェーンからH社のものづくり
のあるべき姿を考えてみました（図表4-8）。

図表4-8　H社のものづくりのあるべき姿

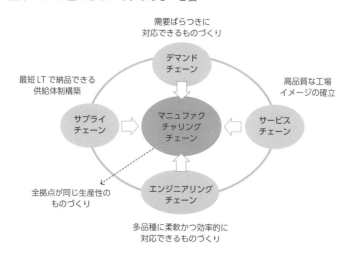

　デマンドチェーン側からは、需要のばらつきにも対応できるもの
づくりをしなければならないことが挙げられます。サプライチェー
ン側からはリードタイム（LT）を短くして納品できる供給体制を

しなければならないということ、エンジニアリングチェーン側では多品種少量生産の体制に変わっても柔軟かつ効率的に生産できる体制の構築、サービスチェーン側では「この工場の品質は悪い」というイメージを持たれないよう、「高品質な工場」というイメージの確立、そしてマニュファクチャリングチェーン側は、国内外問わずすべての工場において同じ生産性でものづくりできるようにする。これが5つのチェーンから見たH社の課題です。

　これらをイメージセルに置き換えると、**図表4-9**のような5つのセルが重要であるという結論に達しました。

図表4-9　スマートファクトリー イメージセルで重点化したH社の課題

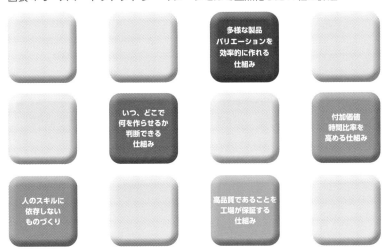

　では、これらの課題に対して、どのようなツールを導入するか。そしてどの課題に対してどのツールを活用するかについてまとめたのが**図表4-10**の「ソフトウェア」の列になります。

図表 4-10　H 社の導入ツール概要

	ソフトウェア	ハードウェア
多様な製品バリエーションを効率的に作れる仕組み	・離散系シュミレーターを用いた新製品のQCDパフォーマンス予測	・設備の共通化／汎用化 ・原材料の共通化 ・シングル段取り化
いつ、どこで何を作らせるか判断できる仕組み	・スケジューラーによる各拠点の生産計画の一元化とERPとの連携による発注・在庫管理	・設備の共通化／汎用化 ・作業の標準化
付加価値時間比率を高める仕組み	・Bluetoothを用いた作業者の位置測位＋作業者の稼働状況を把握したリアルタイム作業指示 ・ERP/MES/PLC/Excel → ETL → DWH → BIツールを連携させたロット単位の生産性フィードバックと原価管理	・多能工化 ・組織の大部屋化
人のスキルに依存しないものづくり	・映像を用いた手順書教育 ・VRを用いたトラブルシューティング ・スマートグラスを用いた遠隔作業支援	・原材料投入や積載、運搬といった各種付随作業の自動化
高品質であることを工場が保証する仕組み	・サプライチェーン全体でのロットトレース ・ブロックチェーンによる改ざん防止	・異物混入ゼロを目標とした建屋リニューアル、製造環境管理

　最初のセルに対しては、離散系シミュレーターを導入してバーチャル空間に工場を再現し、「新製品をこの工場で生産したらどのくらいの効率でできるか」といったことを予測・分析する仕組みを導入しました。

　2番目のセルに対しては、各拠点でバラバラになっているスケジューラーを統一し、ERP（Enterprise Resources Planning）と連携させました。

　3番目のセルに対しては、ビーコンセンサーとBluetoothを使って作業員の位置、稼働状況をリアルタイムで把握して指示できる仕組みを導入。また基幹システム（ERP）、生産の実行型システム

（MES、Manufacturing Execution System）、設備のデータ（PLC）、その他 Excel に散在する現場のデータなどをすべてデータウェアハウスに溜め込み、BI ツールでダッシュボード管理できるようにしました。

4番目のセルについては、VTR マニュアルのような映像を使った手順書を作成したほか、スマートグラスを使って遠隔からでも作業支援できるようにしました。

最後の品質の部分については、トレーサビリティやブロックチェーンなどのシステムを活用して、品質の向上に取り組むことにしました。

またハードウェア面からもセルごとに課題を挙げて取り組み、スマートファクトリーの構築を図りました。

このような形で、工場単体ではなく、5つのチェーンからものづくりのあり方を考え、めざす姿を明確にして強化すべき機能を重点化し、その重点機能の極限追求を後押しする最適なデジタルツールを選び導入・活用する——つまり、ツール起点ではない「左からの発想」でH社の経営課題に立脚したスマートファクトリーを描いた事例です。

このような事例を通じて、イメージセルの活用方法について、おぼろげながらでもご理解いただけたでしょうか。次章でも事例を通じてスマートファクトリー構築ノウハウをより具体的に説明していきたいと思います。

第5章

スマートファクトリー
イメージセルで
めざす工場の姿を実現する

1 4つのプロセスイノベーション

まず、イメージセルについてもう少し詳しく見ていきましょう。

工場を中心とする生産活動は、営業部門、開発設計部門、生産技術部門、生産管理部門、調達部門、品質管理部門、物流部門、施工部門といった、社内の様々な機能部門との関係や、原材料供給のサプライヤー、設備メーカー、物流関連会社など、様々な協力企業との関係によって行われていることや、5つのチェーンの関係で行われていることはすでに説明のとおりです。

イメージセルでは、様々な部門と製造部門との関係で行われている生産活動について、**図表5-1**のような4つのイノベーションカテゴリーに分けています。

図表5-1　イメージセルを構成する4つのプロセスイノベーション

A（青のセル）：主に開発設計や生産技術部門と製造部門で実現する「製品・工程設計プロセスイノベーション」

B（赤のセル）：営業、生産管理、調達、物流部門と製造部門で実現する「生産管理・物流プロセスイノベーション」

C（緑のセル）：主に製造部門独自で実現する「生産プロセスイノベーション」

D（黄色のセル）：顧客との関係、顧客への新たな付加価値提供を思考する中で実現する「ビジネスプロセスイノベーション」（マーケティングプロセス・アフターサービスプロセス）

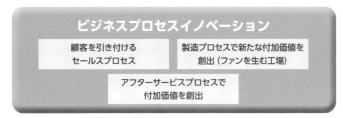

　これらについて、一つひとつをもう少し掘り下げてみたいと思います。

（1）製品・工程設計プロセスイノベーション

　A（青色）のセルは、製品・工程設計プロセスイノベーション領域において、実現したい経営マターを展開しています。製品設計・工程設計プロセスは、対象製品の企画～市場投入（上市）までの一連の活動を表します。

　図表5-2では、顧客ニーズの抽出、製品企画、開発設計、試作、デザインレビュー（DR）、量産準備、上市と5つのステップに単純化してそのプロセスを表現しています。

　一つひとつのセルについて掘り下げる前に、各セルの関連性について確認しておきたいと思います。この一連のプロセスにおいては、

大きく4つの視点でイメージセルが位置づいています。

図表 5-2　製品・工程設計プロセスと各イメージセルの関連性

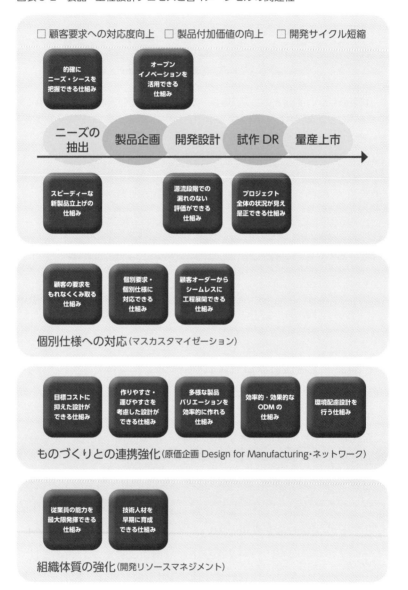

①効率的な開発プロセスの構築

　ここでは、まず開発プロセスそのものの効率化を目的とします。

> ・マーケティングリサーチを強化することをねらいとした、
> 　**「的確に顧客ニーズ・シーズを把握できる仕組み」**
>
> ・外部知見のフル活用をねらいとする、
> 　**「オープンイノベーションを活用できる仕組み」**
>
> ・開発の手戻りを減らすことをねらいとする、
> 　**「源流段階での漏れのない評価ができる仕組み」**
>
> ・プロセス全体のLT短縮をねらいとした、
> 　**「スピーディーな新製品立上げの仕組み」**
> 　**「プロジェクト全体の状況が見え是正できる仕組み」**

　これにより、より市場に受け入れられる新製品を効率的に開発するプロセスの実現を重点テーマとします。

②個別仕様への対応

　特に、個別受注生産型のものづくりシステムでは、製品設計・工程設計が起点となり、後述の生産管理・物流プロセス／生産プロセス／ビジネスプロセスと一気通貫で連携して、マスカスタマイゼーションの実現、個別受注型生産企業のプロセス革新の実現をねらいます。

　ここでは、開発・工程設計プロセス領域のテーマとして、3つのセルを展開しています。

> ・商談プロセスの業務品質と効率化をねらった、
> 　**「顧客の要求をもれなくくみ取る仕組み」**

- 都度異なる様々な顧客要求を効率的に設計に反映することを
  ねらいとした、
  「個別要求・個別仕様に対応できる仕組み」
- 都度異なる出図図面をものづくりにもれなく、効率的に伝え
  ることをねらいとした、
  「顧客オーダーからシームレスに工程展開できる仕組み」

「個別仕様への対応」については、第7章の事例2で説明します。

③ものづくりとの連携

また、市場投入される製品はその採算性を評価することが求められます。

- 原価企画の観点から開発製品の原価を常に算定し評価することをねらいとした、
  「目標コストに抑えた設計ができる仕組み」
- 生産効率、製造原価に直結させるための、
  「作りやすさ、運びやすさを考慮した設計ができる仕組み」
- モジュール設計など、
  「多様な製品バリエーションを効率的に作れる仕組み」
- 協力会社との連携によりトータルで生産効率を追求するための、
  「効率的・効果的な ODM の仕組み」
- CO_2 削減等環境負荷に配慮した製品設計をサポートする、
  「環境配慮設計を行う仕組み」

実は、製造原価は設計段階で8割方決定すると言われています。
このカテゴリーでは設計段階での原価企画・環境負荷軽減企画をより確実に行うことを主要テーマと位置づけています。

④組織体質の強化(開発リソースマネジメント)

一連のプロセスを支える人材活用をここでは取り上げています。

> ・所属しているスタッフについては、
> 「**従業員の能力を最大限発揮できる仕組み**」
>
> ・新たに加わる仲間に対しては、
> 「**技術人材を早期に育成できる仕組み**」

製品設計・工程設計プロセスでは、マーケットに向けての開発製品の価値の見極めと、供給プロセスの効率性の両面を検討し収益性を確保できる製品投入を行うことが求められます。上記のセルを取捨選択し、デジタルツールによるブレークスルーも視野に入れた取り組みに展開していくことが肝要です。

(2) 生産管理・物流プロセスイノベーション

B(赤色)のセルは、生産管理・物流プロセスイノベーション領域において、実現したい経営マターを展開しています。生産管理・物流プロセスは、顧客からの引き合い〜納品までの情報流と物流の活動を表します。

図表 5-3 では、生産管理・物流プロセスを引き合い受注、日程・負荷計画、指示・統制、調達、製造、納品と6つのステップで表現しています。

この一連のプロセスにおいては、大きく3つの視点でイメージセルを位置づけています。

図表 5-3　生産管理・物流プロセスと各イメージセルの関連性

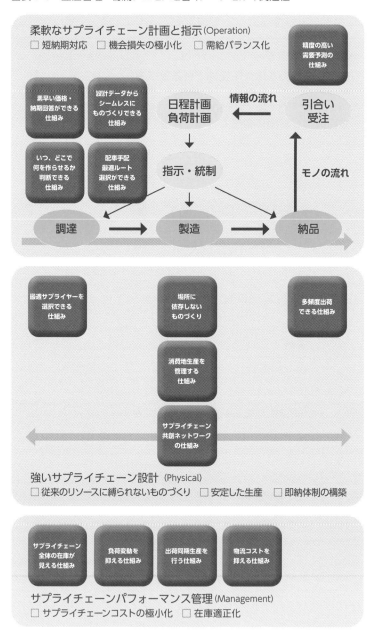

柔軟なサプライチェーン計画と指示(Operation)
☐ 短納期対応　☐ 機会損失の極小化　☐ 需給バランス化

精度の高い
需要予測の
仕組み

素早い価格・
納期回答ができる
仕組み

設計データから
シームレスに
ものづくりできる
仕組み

日程計画
負荷計画

情報の流れ

引合い
受注

いつ、どこで
何を作らせるか
判断できる
仕組み

配車手配
最適ルート
選択ができる
仕組み

指示・統制

モノの流れ

調達　→　製造　→　納品

最適サプライヤーを
選択できる
仕組み

場所に
依存しない
ものづくり

多頻度出荷
できる仕組み

消費地生産を
管理する
仕組み

サプライチェーン
共創ネットワーク
の仕組み

強いサプライチェーン設計 (Physical)
☐ 従来のリソースに縛られないものづくり　☐ 安定した生産　☐ 即納体制の構築

サプライチェーン
全体の在庫が
見える仕組み

負荷変動を
抑える仕組み

出荷同期生産を
行う仕組み

物流コストを
抑える仕組み

サプライチェーンパフォーマンス管理(Management)
☐ サプライチェーンコストの極小化　☐ 在庫適正化

①強いサプライチェーン設計（Physical）

　実際に製品をユーザーに届ける供給プロセス、言い換えると物流網を強くすることがこのカテゴリーの主題です。

- ・オーダー特性とサプライヤーの負荷状況などを勘案して、
  「最適サプライヤーを選択できる仕組み」
- ・同様に、ものづくりの柔軟性を確保することを主眼とした、
  「場所に依存しないものづくり」
  さらに発展させ、
  「消費地生産を管理する仕組み」
- ・在庫を持たず小ロット運搬をねらいとした、
  「多頻度出荷できる仕組み」
- ・サプライチェーンプレイヤー全体で売上やコスト・納期の最適化を図る、
  「サプライチェーン共創ネットワークの仕組み」

として、従来のリソースに縛られないものづくり、安定した生産、即納体制の構築をねらいます。

②柔軟なサプライチェーン設計と指示（Operation）

　①の強いサプライチェーンを武器として、ユーザー要望に対して、より柔軟にこのサプライチェーンをコントロールすることをテーマとしています。

- ・**「精度の高い需要予測の仕組み」**
- ・顧客からの問い合わせに対して、
  「素早い価格・納期回答ができる仕組み」
- ・事務作業の軽減と事務処理 LT を短縮するための、
  「設計データからシームレスにものづくりできる仕組み」

> ・生産拠点の実情を鑑みた最適判断を下すための、
> **「いつ、どこで何を作らせるか判断できる仕組み」**
>
> ・物流網の状況を鑑みて最適判断を下すための、
> **「配車手配、最適ルート選択ができる仕組み」**

として、短納期対応、機会損失の極小化、需給のバランス化を行うことが主眼です。

③サプライチェーンパフォーマンス管理（Management）

　①②で構築された、サプライチェーンシステムを維持・向上させていくことを主要なテーマとしています。

> ・**「サプライチェーン全体の在庫が見える仕組み」**
>
> ・**「負荷変動を抑える仕組み」**
>
> ・**「出荷同期生産を行う仕組み」**
>
> ・**「物流コストを抑える仕組み」**

　SCM の主要 KPI（重点管理指標）である、在庫及びサプライチェーンコストを見える化し、その改善のための方策を検討する枠組みを提供することが主眼となります。

(3) 生産プロセスイノベーション

　C（緑色）のセルは、生産プロセスイノベーション領域において、実現したい経営マターを展開しています。生産プロセスは、生産管理部門からの生産指示を受けてから製品を完成させるまでの活動を表します。

　図表 5-4 では、生産プロセスを中心にして、人・設備・物（生産リソース）の投入、工程管理・作業管理による生産プロセスのコ

ントロール、QCDES の評価（生産プロセスの実績管理）といった、
3つのフレームで表現しています。

　この一連のプロセスにおいては、大きく3つの視点でイメージセ
ルが位置づけられています。

図表 5-4　生産プロセスと各イメージセルの関連性

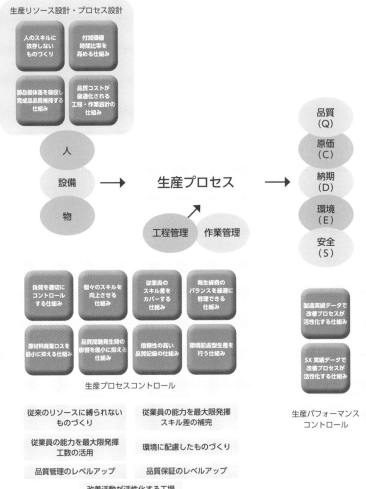

①生産リソース設計・プロセス設計（Physical）

　ここでは主として生産システムにおけるフィジカル面の強化に着目したセルを位置づけています。

- ロボティクス導入など自動化の検討を想定した、
「人のスキルに依存しないものづくり」

- 自動倉庫や無人搬送機等により、
「付加価値時間比率を高める仕組み」

- 三次元測定等で部品個体差を把握し、
「部品個体差を吸収し完成品品質維持する仕組み」

- 予兆管理、品質コストシミュレーションなどにより、
「品質コストが最適化される工程・作業設計の仕組み」

②生産プロセスコントロール（Operation）

　ここでは主に、各現場でフィジカル面の能力を使い倒すオペレーションに着目したセルを位置づけています。

- 一人ひとりの作業負荷を柔軟に調整することで生産性向上をねらう、
「負荷を適切にコントロールする仕組み」

- 従業員のパフォーマンスを最大限引き出す、
「個々のスキルを向上させる仕組み」

- 効率的な教育や作業支援による早期戦力化をねらう、
「従業員のスキル差をカバーする仕組み」

- エネルギーコストの見える化と制御をセンサーなどで実現し、
「発生経費のバランスを最適に管理できる仕組み」

- 実績モニタリングやシミュレーションにより、
「原材料廃棄ロスを最小に抑える仕組み」

・トレーサビリティを強化し、
　「品質問題発生時の影響を最小に抑える仕組み」

・捏造や改ざんなどを事実上不可能にする、
　「信頼性の高い品質記録の仕組み」

・CO_2 排出のシミュレーションとコントロールを行い、
　「環境配慮型生産を行う仕組み」

③生産パフォーマンスコントロール（Management）

ここでは生産活動の結果として、そのパフォーマンスを可視化し、改善につなげていくための取り組みに着目したセルを位置づけています。

・各種センサーやデータレイクにより、QCDES を可視化し、
　「製造実績データで改善プロセスが活性化する仕組み」
　「SX 実績データで改善プロセスが活性化する仕組み」

(4) ビジネスプロセスイノベーション

D（黄色）のセルは、ビジネスイノベーション領域において、実現したい経営マターを展開しています。ビジネスイノベーション領域は、顧客との接点においてより付加価値の高いサービス、新たな価値提供を思考する枠組みとして捉えています。

図表 5-5 では、セールスプロセス、生産プロセス、アフターサービスプロセスと３つのステップで表現しています。

この一連のプロセスにおいては、大きく３つの視点でイメージセルを位置付けています。

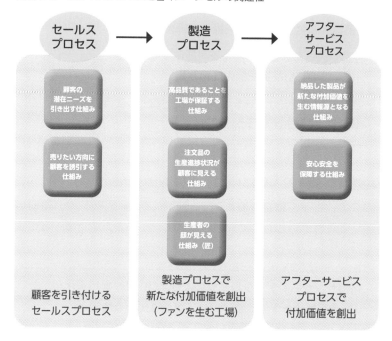

図表 5-5　ビジネスプロセスと各イメージセルの関連性

セールス
プロセス　→　製造
プロセス　→　アフター
サービス
プロセス

顧客の
潜在ニーズを
引き出す仕組み

売りたい方向に
顧客を誘引する
仕組み

高品質であることを
工場が保証する
仕組み

注文品の
生産進捗状況が
顧客に見える
仕組み

生産者の
顔が見える
仕組み（匠）

納品した製品が
新たな付加価値を
生む情報源となる
仕組み

安心安全を
保障する仕組み

顧客を引き付ける
セールスプロセス

製造プロセスで
新たな付加価値を創出
（ファンを生む工場）

アフターサービス
プロセスで
付加価値を創出

①顧客を引き付けるセールスプロセスの構築

　顧客のニーズを着実にとらえ、そのニーズに寄り添いながら受注につなげていくことをテーマにしています。

・購入した製品に関する追加オプション提示などの、
　「顧客の潜在ニーズを引き出す仕組み」

・在庫状況を勘案して自社のおすすめ商品を提案する、
　「売りたい方向に顧客を誘引する仕組み」

---

②生産プロセスで新たな付加価値を創出（ファンを生む工場）

　ここでは工場のものづくりプロセスそのものの魅力を顧客の信頼につなげ、ファンを生むための取り組みをテーマとして取り上げて

います。

- ・徹底した制御で、高品質製品の量産化を、
  「高品質であることを工場が保証する仕組み」

- ・生産者や匠の技をブランド化しファンを生む、
  「生産者の顔が見える仕組み（匠）」

- ・注文品の生産過程を開示し愛着度を高める、
  「注文品の生産進捗状況が顧客に見える仕組み」

---

③アフターサービスプロセスで付加価値を創出

　製品納品後のアフターサービスを充実させ、顧客満足度を維持しつつ、デジタル技術によりビジネスとして市場を確実なものにできる可能性が高いテーマです。そのため、業界を問わず着目されている領域です。

- ・使用状況をマーケティングやアフターサービスに生かす、
  「納品した製品が新たな付加価値を生む情報源となる仕組み」

- ・トレーサビリティの仕組みで、
  「安心安全を保証する仕組み」

　このように工場を起点として、ものづくりの強みを新たなサービスに積極的に転換し、付加価値を生み出すことが、イメージセルにおけるビジネスプロセスイノベーションのねらいです。

2 スマートファクトリーイメージセルの詳細

　ここからは、イメージセル一つひとつについて、個別に解説していきます。

　各セルのページには、それぞれのセルでねらいとしている重点管理指標（コストやリードタイム、不良率など）を記載し、どのような仕組みで実現していくかを記載してあります。

　また、第4章で解説したとおり、イメージセルの一つひとつのテーマをどう実現・達成していくかを5段階のレベルで表現しています。

スマートファクトリー イメージセル

（1）製品・工程設計プロセスイノベーション ▶ P112

スピーディーな新製品立上げの仕組み	的確にニーズ・シーズを把握できる仕組み	源流段階での漏れのない評価ができる仕組み	オープンイノベーションを活用できる仕組み	顧客の要求をもれなくくみ取る仕組み	個別要求・個別仕様に対応できる仕組み

開発サイクル短縮　　**製品付加価値の向上**　　**顧客要求への対応度向上**

プロジェクト全体の状況が見え是正できる仕組み	効率的・効果的なODMの仕組み	顧客オーダーからシームレスに工程展開できる仕組み	多様な製品バリエーションを効率的に作れる仕組み	従業員の能力を最大限発揮できる仕組み	技術人材を早期に育成できる仕組み

効率的な開発プロセスの構築　　**個別仕様への対応**　　**組織体質の強化**

作りやすさ・運びやすさを考慮した設計ができる仕組み	目標コストに抑えた設計ができる仕組み	環境配慮設計を行う仕組み

ものづくりとの連携強化　　**環境にやさしいものづくり**

（2）生産管理・物流プロセスイノベーション ▶ P127

消費地生産を管理する仕組み	設計データからシームレスにものづくりできる仕組み	素早い価格・納期回答ができる仕組み	いつ、どこで何を作らせるか判断できる仕組み	物流コストを抑える仕組み	出荷同期生産を行う仕組み

短納期対応　　**機会損失の極小化**　　**サプライチェーンコストの極小化**

精度の高い需要予測の仕組み	サプライチェーン全体の在庫が見える仕組み	多頻度出荷できる仕組み	配車手配最適ルート選択ができる仕組み	負荷変動を抑える仕組み	最適サプライヤーを選択できる仕組み

需給バランス化　　**即納体制の構築**　　**安定した生産**

場所に依存しないものづくり	サプライチェーン共創ネットワークの仕組み

従来のリソースに縛られないものづくり　　**シェアリング体制の構築**

(3) 生産プロセスイノベーション ▶ P141

| 人のスキルに依存しないものづくり | 品質コストが最適化される工程・作業設計の仕組み | 従業員のスキル差をカバーする仕組み | 個々のスキルを向上させる仕組み | 負荷を適切にコントロールする仕組み | 付加価値時間比率を高める仕組み |

従来のリソースに縛られない　　　　従業員の能力を最大限発揮　　　　従業員の能力を最大限発揮
ものづくり　　　　　　　　　　　　スキル差の補完　　　　　　　　　　工数の活用

| 部品個体差を吸収し完成品品質維持する仕組み | 原材料廃棄ロスを最小に抑える仕組み | 信頼性の高い品質記録の仕組み | 品質問題発生時の影響を最小に抑える仕組み | 製造実績データで改善プロセスが活性化する仕組み | SX実績データで改善プロセスが活性化する仕組み |

品質管理のレベルアップ　　　　　　品質保証のレベルアップ　　　　　　改善活動が活性化する工場

| 環境配慮型生産を行う仕組み | 発生経費のバランスを最適に管理できる仕組み |

環境に配慮したものづくり

(4) ビジネスプロセスイノベーション ▶ P155

| 高品質であることを工場が保証する仕組み | 生産者の顔が見える仕組み（匠） | 注文品の生産進捗状況が顧客に見える仕組み | 安心安全を保障する仕組み | 売りたい方向に顧客を誘引する仕組み |

ものづくりのブランド化　　　　　　　　　　　安心安全なコーポレート　　　顧客のニーズに応えつつ
　　　　　　　　　　　　　　　　　　　　　　イメージの確立　　　　　　　売れ残りも防ぎたい

| 顧客の潜在ニーズを引き出す仕組み | 納品した製品が新たな付加価値を生む情報源となる仕組み |

販売後の新たな収益源の確立

（2022年1月 Ver.3）

スピーディーな
新製品立上げの
仕組み

製品・工程設計プロセスイノベーション

開発サイクル短縮

KPI 開発リードタイム短縮

開発〜量産までの
リードタイムが長
く、製品のタイム
リー市場投入がで
きない

・DR のための試作品作りに納期と費用がかかる
・DR 会議の招集と承認プロセスに時間がかかる
・施策のやり直しの度に時間がかかる

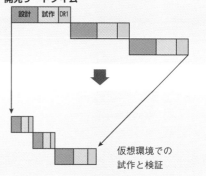

製品設計・工程設
計・試作・量産の
プロセスが Cyber
空間で再現され、
問題発見と是正が
短時間で実施され
る

モデルベース
開発

ラピッドプロト
タイピング

デジタル
ツイン

仮想環境での
試作と検証

（3D プリント）

Lv5	現実との 双方向連携	実装段階、量産段階の情報のフィードバックと修正プロセスの確立（デジタルツイン）
Lv4	仮想空間での 最適化	製品設計・工程設計・施策・量産のプロセスが Cyber 空間で再現され、問題発見と是正が短時間で実施される（バーチャル試作・工程設計）
Lv3	データによる プロセスの連携	設計のデジタルデータに基づき、試作品手配や試作プロセスおよび、一連のプロセス管理が行われる（PLM、試作管理システム連携、3D プリンティング）
Lv2	蓄積	標準フォーマットに基づき、設計情報が蓄積されている
Lv1	情報の標準化	設計基準やルールが標準化され、担当者間や組織間のローカルルールが極小化している

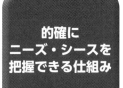
**的確に
ニーズ・シースを
把握できる仕組み**

製品・工程設計プロセスイノベーション
開発サイクル短縮

KPI	新製品販売予測の向上 新製品売上 UP

市場のニーズを今
よりも高い精度で
把握できないか

販売予測 vs 実績
予測
結果

・市場規模、認知・配
架率、消費者行動、
競合形態、季節変動
など多面的な情報を
解析することに限界
がある。

ある条件設定の下、
仮想マーケットを
Cyber 上に再現し、
リサーチや消費シ
ミュレーションが
柔軟に行える

販売予測 vs 実績

**予測精度を高めて
予実差異を減少**

周辺ビッグデータとの
連結
シミュレーション環境
過去の消費活動からの
推定、現在の消費活動
のフィードバック

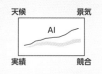
天候　　　　　景気
AI
実績　　　　　競合

Lv5	現実との 双方向連携	シミュレーション環境で設定されたパラメーターとリアル情報が連結され、予測値が更新される
Lv4	仮想空間での 最適化	ある条件設定の下、仮想マーケットを Cyber 上に再現し、リサーチや消費シミュレーションが柔軟に行える
Lv3	データによる プロセスの連携	蓄積データが、多面的に解析できる (BI ツールによるビッグデータ解析など)
Lv2	蓄積	標準フォーマットに基づき、必要情報が蓄積されている
Lv1	情報の標準化	予測のためのインプット情報が議論され、その項目が標準化されている (社内独自の実績情報、外部周辺情報)

製品・工程設計プロセスイノベーション

製品付加価値の向上

源流段階での
漏れのない
評価ができる
仕組み

| **KPI** | 設計リードタイム
設計コスト削減
設計不具合低減 |

設計段階で不具合
解決を図れず後工
程に流出している

・デザインレビューで不具合が見落とされ手戻り
・設計起因の不具合が後工程や市場で発生
・担当者間で過去情報がうまく共有できておらず先祖返りが起きる

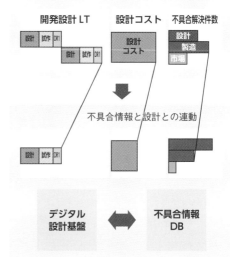

不具合情報等に基
づき、推奨設計仕
様が提示される。
過去不具合に起因
する類似設計に対
し注意喚起を行う

Lv5	現実との 双方向連携	実装段階、量産段階の改善必要情報を吸い上げ、設計者に修正を促す。同様のリスクを孕む製品をピックアップし修正を促す（デジタルツイン） 部位によっては自動的に仕様が決まるようになっている
Lv4	仮想空間での 最適化	設計段階で設計者に推奨設計仕様が提示される。あるいは、過去不具合に起因する設計に対し注意喚起を行う
Lv3	データによる プロセスの連携	蓄積されたデジタルデータに基づき、設計者にそのフィードバックがなされ、次回設計に反映するプロセスが機能している
Lv2	蓄積	標準フォーマットに基づき、DR 情報、工程不具合情報、市場クレーム情報などが蓄積されている
Lv1	情報の標準化	過去の不具合データが活用可能な項目で記録される。記録方法が標準化されている

オープン
イノベーションを
活用できる
仕組み

製品・工程設計プロセスイノベーション
製品付加価値の向上

 KPI　製品付加価値向上
市場導入スピード短縮
新製品売上・収益率 UP

 幅広い知見を集約
してより良い製品
を開発すること が
できないか

クローズド環境

自社

・自社の発想、自社の技
　術領域だけでは新たな
　付加価値の創出に限界
　がある
・製品を企画してから市
　場投入までに時間がか
　かる
　（Time to Market）

 オープンなプラッ
トフォームにアク
セスができ、自社
保有技術との比較
ができるように
なっている

 **オープン
ネットワーク構築**

学
産　　官
自社
異業種　　同業

アイデア創発の環境

・コミュニケーション
　ネットワークの構築や
　技術探索基盤の活用に
　よる、魅力製品の開発
　とスピーディーな市場
　投入を実現

**技術情報
マッチングシステム**

※

※ meadas は日本能率協会コンサルティング R&D
　チームが提供する技術情報マッチングシステム

Lv5	現実との双方向連携	オープンなプラットフォームにアクセスができ、必要な技術のマッチングが示唆されるようになっている
Lv4	仮想空間での最適化	オープンなプラットフォームにアクセスができ、自社保有技術との比較ができるようになっている
Lv3	データによるプロセスの連携	他社が持っている強み技術がオープンなプラットフォーム上でリストアップされ、参照できる様々な協業が行われている
Lv2	蓄積	他社が持っている強み技術が DB 上でリストアップされ、活用方法なども蓄積されている
Lv1	情報の標準化	他社が持っている強み技術が DB 上でリストアップされている 外部技術連携のためのガイドラインが整備されている

製品・工程設計プロセスイノベーション

顧客要求への対応度向上

KPI	仕様決定リードタイム短縮 製造コストダウン

顧客の要求を
もれなくくみ取る
仕組み

仕様確定に時間を
要している。もっ
と上手に顧客要望
を把握することが
できないか

・顧客ニーズの整理に何回もやり取りが発生
・顧客要求を受けて製造バリエーションが増加

商談プロセス

オプション仕様を
顧客が選択できる。
一から要望を聞く
のではなく顧客の
要求をパターン
オーダーできる仕
組み

モジュール設計と
生産システム連携による
提供バリエーション拡大

設定 オプションの 企画化	顧客インター フェース開発 デジタルカタログ	生産システム 連携

Lv5	現実との 双方向連携	顧客が選択したい仕様と実際原価を反映した標準仕様が 自動設定できるようになっている
Lv4	仮想空間での 最適化	顧客が価格やLTなどを参照しながらメニュー選択でき、 それ以降の設計・調達手配が自動化されている
Lv3	データによる プロセスの連携	顧客が価格やLTなどを参照しながらメニュー選択でき るようになっている
Lv2	蓄積	設計で選択可能な標準仕様情報がデジタル化されてお り、顧客に提示できる。対応実績が蓄積されている
Lv1	情報の標準化	モジュール設計により顧客選択可能なバリエーションを 十分確保できている

製品・工程設計プロセスイノベーション

顧客要求への対応度向上

個別要求・
個別仕様に
対応できる
仕組み

KPI 設計リードタイム短縮

顧客要求が決まる
度に設計担当者が
都度図面作成して
いる（標準化が進
まず図面作成に時
間がかかる）

・顧客要求ごとに設計担当者が都度図面作成
・設計業務の属人化は進むばかり

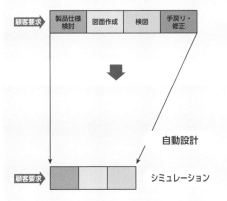

顧客要求から即座
に製品仕様・図面
に展開できる仕組
み

・顧客要求から製品仕様へ自動展開
・図面が自動作成され性能・コスト・納期を検証

Lv5	現実との双方向連携	シミュレーション環境で設定されたパラメーターとリアル情報が連結され、性能・コスト・納期の予測値が更新される
Lv4	仮想空間での最適化	図面から性能・コスト・納期がシミュレーションできる
Lv3	データによるプロセスの連携	顧客要求に基づき、設計関連情報を参照しながら、材質・形状・寸法等の製品仕様が展開され、推奨図面が生成される
Lv2	蓄積	技術標準や過去の類似設計実績、過去トラブル情報などの関連情報が整理・蓄積されている。図面作成時にこれらの情報を参照できる
Lv1	情報の標準化	型式ごとの標準図面があり部品表が整理されている。使用可能部品がリスト化されている

製品・工程設計プロセスイノベーション

効率的な開発プロセスの構築

プロジェクト全体の状況が見え是正できる仕組み

KPI 設計開発部門の生産性向上

開発計画の作成やメンテナンスに時間がとられる
マネジャーの感覚で進捗確認を実施している

・開発テーマの進捗と個人のタスクが連動しない
・管理者からスケジュールが見えないことで対処が遅れる

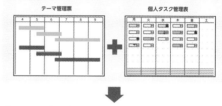

テーマ管理票　　　　　　個人タスク管理表

↓

・開発テーマから個人タスクまで一元化された日程計画
・進捗状況の可視化による問題発見と是正の早期化

プロジェクト進捗状況の可視化とタイムリーな打ち手でプロジェクト遅延を抑制する仕組み

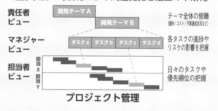

責任者ビュー　開発テーマA／開発テーマB　テーマ全体の俯瞰（進捗／コスト／予算達成状況など）

マネジャービュー　タスクa タスクb タスクc タスクd　各タスクの進捗やリスケの影響を把握

担当者ビュー　担当X 担当Y　日々のタスクや優先順位の把握

プロジェクト管理

Lv5	現実との双方向連携	タスク難易度・技術者スキル・負荷を勘案して修正計画案が自動生成される
Lv4	仮想空間での最適化	スケジュール遅延が発生した際の影響度をシミュレーションし、クリティカルパスを遵守する範囲で、柔軟にタスクの優先順位や担当割振を変更できる
Lv3	データによるプロセスの連携	過去の類似案件における実績情報から開発テーマの日程計画が提示される
Lv2	蓄積	着手 - 完了指示に対する実績情報が蓄積され予実対比ができる
Lv1	情報の標準化	同一書式あるいは同一システムで日程計画を作成し、着手 - 完了を指示できる

製品・工程設計プロセスイノベーション
効率的な開発プロセスの構築

効率的・効果的な ODM の 仕組み

| **KPI** | 開発・製造リードタイム短縮 |

自社の保有技術や
リソースだけでは
競争に勝てない、
スピード感に欠け
る

・自社のリソースだけでは開発テーマをさばき切れない

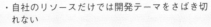

・外部リソースを活用した効率的な開発と生産
・作りたいと作るをつなぐマッチング

外部パートナーと
連携してより付加
価値の高い製品を
より高速に上市す
る仕組み

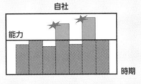

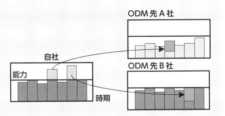

Lv5	現実との 双方向連携	将来の開発リソースの不足時に、ODM 先の評価情報や受入可能性を考慮して、最適な ODM 先がピックアップされる
Lv4	仮想空間での 最適化	将来の開発リソースの不足時に、ODM 先が受け入れ可能かどうかがわかるようになっている
Lv3	データによる プロセスの連携	将来の開発リソースの過不足が見え、開発リソース不足時に、適切な ODM 先情報が参照できるようになっている
Lv2	蓄積	ODM 委託候補となりうる企業がリストアップされており、各社の評価情報（保有技術、処理能力、コスト）が DB 化されている
Lv1	情報の標準化	過去の ODM 委託先・委託実績が一覧化されている

**顧客オーダーから
シームレスに
工程展開できる
仕組み**

製品・工程設計プロセスイノベーション
個別仕様への対応

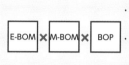

KPI 設計・製造リードタイム

設計したは良いが
作り方は現場任せ
コストや納期が読
めない

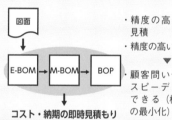

Lv5	現実との 双方向連携	物価変動や現在の生産状況を勘案して、コストや納期の見積ができる
Lv4	仮想空間での 最適化	一元的に蓄積されたデジタルデータに基づき、設計図面からコストや納期が自動算出できる
Lv3	データによる プロセスの連携	一元的に蓄積されたデジタルデータから、類似案件のコストや納期が参照でき、顧客問い合わせに対応できる情報を設計者に提示できる
Lv2	蓄積	標準フォーマットに基づき、設計情報（図面、E-BOM、M-BOM、BOP）および製造実績情報（原価、生産性）が一元的に蓄積されている
Lv1	情報の標準化	設計情報（図面、E-BOM、M-BOM、BOP）および製造実績情報（原価、生産性）が活用可能な状態で記録される。記録方法が標準化されている

顧客オーダーから
展開された仕様
情報・図面から
E-BOM、M-BOM
が即時生成される
仕組み

製品・工程設計プロセスイノベーション
個別仕様への対応

多様な製品バリエーションを効率的に作れる仕組み

KPI	製造リードタイム短縮 製造コスト削減

品種が多すぎて、どの工程経路・設備で製造するのが最も効率的かわからない

汎用設備でマルチタスクを行う生産の場合、生産プロセスが現場任せになりやすい。
結果として、原価やリードタイムの統制が効きにくい

・設計段階から最適な工程・設備選択ができる
・QCD パフォーマンスが最も高い作り方を指示できる

最も効率的な工程経路・設備を選択できる仕組み

仮想工程計画
(シミュレーション)

Lv5	現実との 双方向連携	仕様面での要求を入力すると、適切な設備の組み合わせが推奨されるようになっている
Lv4	仮想空間での 最適化	工程・設備設計時に設備を選択した際の、工程シミュレーション結果が得られる
Lv3	データによる プロセスの連携	工程・設備設計時に設備ごとの加工条件、能力、コスト、品質などの情報を選択でき、ラインの能力が推定できる
Lv2	蓄積	設備ごとの加工条件、能力、コスト、品質などの情報が蓄積され、工程・設備設計時に参照できる
Lv1	情報の標準化	設備ごとの加工条件、能力、コスト、品質などの情報が活用可能な状態で記録されている

5

スマートファクトリーイメージセルでめざす工場の姿を実現する

121

製品・工程設計プロセスイノベーション
組織体質の強化

従業員の能力を
最大限発揮できる
仕組み

KPI　設計開発部門の生産性向上

設計担当者に負荷
の偏りが生じてい
る

・忙しい担当者とそうでない担当者の差が顕著
・設計担当者個人が抱えるタスクとその進捗が見
　えない

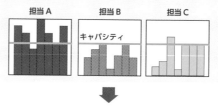

技術者の負荷状況
やスキルを評価し、
最適なリソース配
分・プロジェクト
体制を構築できる

・個人ごとの負荷や進捗の可視化と適切な差配

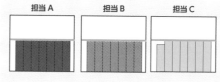

スケジューリングソフトを活用

Lv5	現実との双方向連携	タスク難易度・技術者スキル・負荷を勘案して最適な業務の割り振り先を提示する
Lv4	仮想空間での最適化	各担当者の進捗状況から遅延リスクを察知し、柔軟に担当割り振りを変更できる
Lv3	データによるプロセスの連携	見える化された個人別負荷率に基づき、負荷を平準化する（低負荷の担当者に業務を割り振る）プロセスが機能している
Lv2	蓄積	タスク表に基づき、現在および将来の個人別負荷率が見える
Lv1	情報の標準化	同一書式あるいは同一システムで設計担当者個人のタスク表が作成されている

**技術人材を
早期に育成
できる仕組み**

製品・工程設計プロセスイノベーション
組織体質の強化

KPI	設計開発部門の生産性向上 技術人材育成期間の短縮

個人商店型の業務
スタイルで組織的
な人材育成が進ま
ない

・技術人材の育成に時間がかかる

・組織的な人材育成で技術人材の早期戦力化

個人のパフォーマ
ンスの見える化と
組織的なフォロー
アップで人材育成
が活性化する仕組
み

スケジュー
リングソフト

タレント
マネジメント

**仕事の共有、
学習と成長の場の提供**

Lv5	現実との 双方向連携	フォローが必要なタスクの特性と各技術者のスキルを勘案して、最適な支援担当者を提示する
Lv4	仮想空間での 最適化	各担当者の進捗状況から構想が進んでいない（沼にはまる）担当者を検知し、フォローアップのアラートが出る
Lv3	データによる プロセスの連携	見える化された実績情報や現在の進捗状況に基づき、設計担当者をフォローするプロセスが機能している
Lv2	蓄積	タスク表に基づき、予定に対する実績情報が蓄積され予実対比ができる
Lv1	情報の標準化	同一書式あるいは同一システムで設計担当者個人のタスク表が作成されている

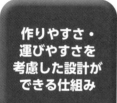
作りやすさ・
運びやすさを
考慮した設計が
できる仕組み

製品・工程設計プロセスイノベーション
ものづくりとの連携強化

KPI 製造・物流コスト低減

設計のまずさから
製造コスト・物流
のコストが増大し
ている

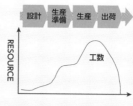

・要求された機能
 を実現すること
 ばかりを考えて
 設計しがち
・結果、製造段階で
 のトラブルが頻発
 し、コストは増大
・設計変更もしば
 しば

製造実績データの
設計へのフィード
バックで、生産力
に見合った設計を
行う仕組み

・設計時点でコストを作り込むフロントローディ
 ング化

Lv5	現実との双方向連携	設計情報から製造性指標を予測し、設計・生産段階の改善ポイントを提示して修正を促す。部位によっては自動的に仕様が決まるようになっている
Lv4	仮想空間での最適化	設計段階で設計者に推奨設計仕様が提示される。あるいは、作りにくさ・運びにくさの発生ポイントに対し注意喚起を行う
Lv3	データによるプロセスの連携	蓄積されたデジタルデータに基づき、設計者にそのフィードバックがなされ、次回設計や類似品の設計時に反映するプロセスが機能している
Lv2	蓄積	製品仕様ごとに各製造性指標が蓄積され、設計時に実績情報を参照することができる
Lv1	情報の標準化	製造実績工数、手直し工数、不良率、工程能力、積載効率といった製造性に関する指標が活用可能な状態で記録される。記録方法が標準化されている

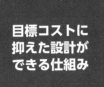

目標コストに抑えた設計ができる仕組み

製品・工程設計プロセスイノベーション
ものづくりとの連携強化

KPI 製造・調達コストの低減

設計段階でコストが見えない
設計時点では儲かるはずが、実際製造してみると実は赤字だった

・標準原価の精度が低い
・設計段階の予想コストと実際に乖離がある

設計段階から正確な原価を予測する仕組み

・設計段階での正確なコスト見積
・製造実績の参照による原価企画の精度向上

Lv5	現実との双方向連携	目標コストに抑えるための原価低減ポイントを提示して修正を促す
Lv4	仮想空間での最適化	設計図面から原価をシミュレーションし、目標コストとの差異を検証できる
Lv3	データによるプロセスの連携	蓄積されたデジタルデータに基づき、設計者にそのフィードバックがなされ、次回設計や類似品の設計時に反映するプロセスが機能している
Lv2	蓄積	製品仕様ごとに実際原価や各製造KPIが蓄積され、設計時に実績情報を参照することができる
Lv1	情報の標準化	材料費・加工費の実際原価とコストに関わる製造KPIが活用可能な状態で記録される。記録方法が標準化されている

製品・工程設計プロセスイノベーション
環境にやさしいものづくり

QCD だけでなく、
サステナビリティ
に貢献できる製品
設計を行いたい

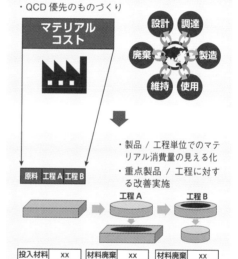

・製品ライフサイクルにおける環境負荷が見えない
・QCD 優先のものづくり

環境にやさしい製
品設計を行う仕組
み

Lv5	現実との 双方向連携	製品素材に関する情報に基づき、環境負荷の低い素材への代替も含めた提案がなされ、代替時の設計情報（素材配合比率や加工条件等）が示唆される
Lv4	仮想空間での 最適化	マテリアルコストが最小となる推奨設計仕様が提案される
Lv3	データによる プロセスの連携	マテリアル投入が大きい部分を特定し、設計者にそのフィードバックがなされ、設計に反映するプロセスが機能している
Lv2	蓄積	決められた単位で工場内で消費するマテリアルごとの消費量を蓄積している
Lv1	情報の標準化	工場内で消費するマテリアルが棚卸され、把握すべき単位が決められている

生産管理・物流プロセスイノベーション
短納期対応

| KPI | 物流リードタイム短縮
物流コスト低減 |

消費地生産を管理する仕組み

生産地によってリードタイムや物流コストが大きく変動する。なるべく消費地に近い場所で生産したい

→ 物流
● 消費地

・製品別の生産編成の場合、生産コストは下がるが、リードタイムや物流コストが悪化する

リードタイム

物流コスト

・消費地に最も近い拠点に生産指示できる

・リードタイムと物流コストを最小化する拠点調整が行える

拠点一元化スケジューリング → LT・物流費シミュレーション

消費地に近い拠点で生産することでリードタイム・物流コストを抑制できる

Lv5	現実との 双方向連携	各生産拠点の生産状況をリアルタイムで把握し、計画修正に反映できる
Lv4	仮想空間での 最適化	各拠点の計画負荷がシミュレートでき、納期・コストを最適化するための生産地調整が行える
Lv3	データによる プロセスの連携	蓄積されたデータと受注情報（消費地情報）に基づき、消費地に最も近い生産拠点に生産指示ができる
Lv2	蓄積	標準化された項目に基づき、負荷算出のためのデータが蓄積されている
Lv1	情報の標準化	各工場の負荷を算出するための基準と項目が定められ、標準化されている

設計データから シームレスに ものづくりできる 仕組み

生産管理・物流プロセスイノベーション

短納期対応

| KPI | 製造リードタイム短縮 |

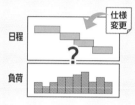

顧客要求が確定せず、生産計画や納期が読めない

・設計変更が多発し、納期や負荷が見えない
・日程計画は製造現場に依存し、生産管理機能が全体を統制できない

設計情報から即座に生産計画に落とし込み、負荷や納期が見える

・設計情報と計画情報が連動

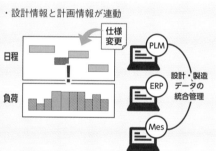

Lv5	現実との双方向連携	仕様変更情報と現在の生産進捗状況から、生産計画が自動修正され、作業指示される
Lv4	仮想空間での最適化	仕様変更情報に基づき、図面/E-BOM/M-BOM/BOPが更新され、日程計画を修正した際の影響がシミュレーションできる
Lv3	データによるプロセスの連携	図面/E-BOM/M-BOM/BOPが連結し、負荷計画・日程計画が作成される
Lv2	蓄積	図面/E-BOM/M-BOM/BOP情報が常に最新の状態で蓄積されている
Lv1	情報の標準化	図面/E-BOM/M-BOM/BOPが決められた形式でシステム上に登録できる

生産管理・物流プロセスイノベーション

機会損失の極小化

素早い価格・納期回答ができる仕組み

KPI	納期・コスト回答スピード 納期遵守率 標準原価達成率

顧客問い合わせに標準納期・標準価格で回答しているが、精度が低い。機会損失につながることもある

・負荷が見えない納期が見えない、原価が見えない
・標準納期・標準原価で計画するが達成できるかわからない

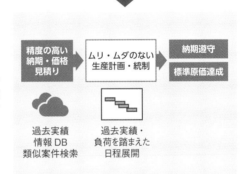

生産拠点の負荷やサプライヤーの状況を鑑み、コスト・納期回答ができる

Lv5	現実との 双方向連携	コストや納期を最適化する計画が自動生成され、顧客回答とともに、発注や作業指示ができる
Lv4	仮想空間での 最適化	生産拠点やサプライヤーの負荷状況を加味し、コストや納期がシミュレーションできる
Lv3	データによる プロセスの連携	過去の類似製品の実績情報を参照し、納期・コスト見積りに活用できる
Lv2	蓄積	納期・コスト見積りに必要な実績情報が一元的に蓄積される
Lv1	情報の標準化	納期・コスト見積りに必要な実績情報の項目が定められ、活用可能な状態で記録される（仕様情報、調達LT、製造LT、生産性、実際原価など）

5

スマートファクトリーイメージセルでめざす工場の姿を実現する

機会損失の極小化

いつ、どこで何を作らせるか判断できる仕組み

KPI	機会損失の最小化 各拠点の生産性 リードタイム適正化

生産拠点の負荷の偏在がコントロールできず、LTの長期化や受注機会損失が起きる

工場職場別の負荷や作業進捗が全社で共有されていない

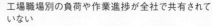

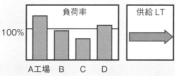

自社の複数拠点の負荷状況を一元的に把握し、柔軟な計画組み換えやリソース再配分が検討できる

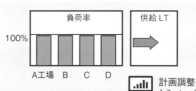

計画調整
シミュレート環境

統合
ダッシュボード

負荷と作業進捗
データ

Lv5	現実との 双方向連携	各生産拠点の生産状況をリアルタイムで把握し、計画修正に反映できる 各生産拠点の負荷ばらつきが最小となる計画の自動立案
Lv4	仮想空間での 最適化	仮想空間で計画負荷がシミュレートできる。各生産拠点の負荷状況が把握でき、生産の組み換えを行った際の全体への影響を瞬時に捉え意思決定できる（発展形は、顧客と作り手を結ぶマッチングビジネス.)
Lv3	データによる プロセスの連携	蓄積されたデータに基づき、工場負荷が可視化され、拠点の負荷を見ながら生産地を検討・選択・指示できる
Lv2	蓄積	標準化された項目に基づき、負荷算出のためのデータが蓄積されている
Lv1	情報の標準化	各工場の負荷を算出するための基準と項目が定められ、標準化されている 汎用設備による拠点フリーの生産システム

物流コストを
抑える仕組み

生産管理・物流プロセスイノベーション
サプライチェーンコストの極小化

KPI 物流コスト低減

トラックの確保は
難航、確保できて
も積載効率は低い、
単価も上昇・・・
物流コストは増加
の一途だ

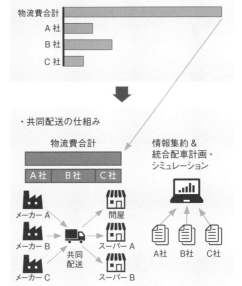

・物流コストの高騰、トラックの争奪戦

物流費合計
A社
B社
C社

・共同配送の仕組み

物流費合計

A社　B社　C社

メーカーA
メーカーB
メーカーC
共同
配送
問屋
スーパーA
スーパーB

情報集約＆
統合配車計画・
シミュレーション

A社　B社　C社

パートナー企業と
出荷情報や配車情
報を把握し、共同
配送が行える

Lv5	現実との 双方向連携	配車数・集荷ルート・輸配送ルートを自動算出・指示できる（積載率最大化・輸配送コスト最小化計画の自動作成）
Lv4	仮想空間での 最適化	生産実績情報を勘案し、配車の組換えが検討できる（積載品・集荷ルートなど）
Lv3	データによる プロセスの連携	各生産拠点の出荷情報と配車情報を見ながら、配車手配できる（各社で座席予約）
Lv2	蓄積	手配情報が蓄積され、トラックの空き状況・配車情報が一元的に見える
Lv1	情報の標準化	対象拠点（協力会社・他社含む）が統一されたシステムを用いて配車手配を行える

生産管理・物流プロセスイノベーション
サプライチェーンコストの極小化

出荷同期生産を行う仕組み

| **KPI** | 在庫関連コスト低減
面積生産性向上 |

完成～出荷にタイムラグがあり、完成品の運搬作業や一時保管スペースを要する

・完成～出荷が同期しない

不要な運搬・取り置き作業
一次保管スペース

| 製造 | 検査 | ▼ | 出荷 |

・完成後即出荷できる

| 製造 | 検査 | 出荷 |

自動倉庫

〈生産管理システム〉
日程計画・進捗管理

〈倉庫管理システム（WMS）〉
入出庫計画

〈配車管理システム（TMS）〉
配車指示

生産管理システムと WMS・TMS の連動

完成から出荷のプロセスが完全同期化される

Lv5	現実との 双方向連携	製造進捗情報を踏まえ、ドライバーへ配車指示や車両組換えが自動でできる
Lv4	仮想空間での 最適化	製造進捗情報を踏まえ、ドライバーへ配車指示がされる
Lv3	データによる プロセスの連携	小日程計画から完成時間を試算し、ドライバーへ配車指示される
Lv2	蓄積	小日程計画に対する進捗情報がリアルタイムで更新され、小日程計画、進捗情報、配車計画が一元的に見える
Lv1	情報の標準化	小日程計画、配車計画が標準化された方法で作成される

生産管理・物流プロセスイノベーション

需給バランス化

精度の高い
需要予測の
仕組み

| KPI | 在庫削減
サプライチェーンコスト削減 |

・過剰在庫でキャッシュフロー悪化、在庫コスト増大

需要予測の精度が
低い。ブルウィッ
プ効果で在庫過多

❹200個用意
しなければ
メーカー
❸欠品しそう
100個ほしい
物流
卸/センター
❷欠品しそう
20個ほしい
物流
❶2個
ほしい ×3人
小売
消費者

・高度な需要予測に基づきサプライチェーンを全体
統制

精度の高い需要予
測ができ、サプラ
イチェーンプレイ
ヤーの計画情報が
検討・更新できる

高度な
需要予測システム AI

BIG-DATA

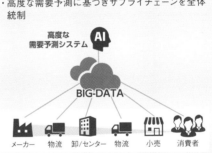

メーカー　物流　卸/センター　物流　小売　消費者

Lv5	現実との 双方向連携	需要変動に影響する未知の因子情報も取得・蓄積し、需要予測プロセスが回る
Lv4	仮想空間での 最適化	現時点までの状況を勘案し高頻度に需要予測を実施、各サプライチェーンプレイヤーの計画が洗い替えできる
Lv3	データによる プロセスの連携	需要予測結果に基づき、営業・調達・製造・小売りといったサプライチェーンプレイヤーの計画情報が検討・更新できる
Lv2	蓄積	需要変動の影響因子（既知）に関わるデータを蓄積し、需要予測に活用できる
Lv1	情報の標準化	需要変動の影響因子（既知）を検討し、定められた項目を記録している

**サプライチェーン
全体の在庫が
見える仕組み**

生産管理・物流プロセスイノベーション
需給バランス化

KPI 在庫削減
サプライチェーンコスト削減

流通・小売在庫の
水準が見えず、欠
品・過剰在庫につ
ながっている

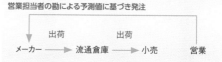

・営業部門の予測数値に基づく生産計画（予測外
れ時の欠品・過剰在庫リスク）

営業担当者の勘による予測値に基づき発注

メーカー → 流通倉庫 → 小売　営業
　出荷　　　　出荷

流通・小売り含め、
サプライチェーン
全体の在庫量を把
握し、実需に合わ
せた生産ができる

小売・倉庫からの実需情報に基づき発注量決定

情報提供　　情報提供
（出荷／在庫実績）（売上実績）

メーカー → 流通倉庫 → 小売
　出荷　　　　出荷

・実需に基づ
く生産計画
で需給バラ
ンス最適化

ERP

WMS

Lv5	現実との双方向連携	販売動向とサプライチェーン在庫の情報を勘案し、最適な発注数や生産指示数が示唆される
Lv4	仮想空間での最適化	調達・生産指示を組み替えた際の各サプライチェーン在庫への影響がシミュレーションできる
Lv3	データによるプロセスの連携	蓄積された情報に基づき、サプライチェーン全体の在庫量が一元的に見え、販売動向を見ながら調達・生産指示を検討できる
Lv2	蓄積	各ストックポイントの入出在情報が蓄積される
Lv1	情報の標準化	各ストックポイントにおいて、入出在情報が決められた形式で記録できる

生産管理・物流プロセスイノベーション

即納体制の構築

多頻度出荷
できる仕組み

KPI 製造〜納品リードタイム短縮

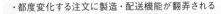

注文から納品まで
数時間。逐次変化
する注文に製造・
配送をどう追従さ
せるべきか？

・都度変化する注文に製造・配送機能が翻弄される

・人海戦術のものづくり

注文
注文
注文
注文

製造 → 出荷

・LT が長期化

・直前の注文変更に対応できない

注文情報から即座
に生産計画・仕分
け計画・配送計画
に展開され、製造
〜物流機能が連動
しながら顧客に即
納できる

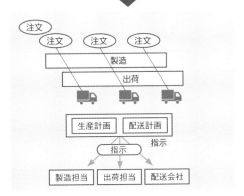

Lv5	現実との 双方向連携	注文変更、生産進捗、配送状況を鑑みた修正計画を提示し、生産指示・配送指示ができる
Lv4	仮想空間での 最適化	注文変更、生産進捗、配送状況に基づき、生産指示・配送指示の変更による影響をシミュレーションできる
Lv3	データによる プロセスの連携	注文の都度、生産計画・配送計画を連動して洗い替えるプロセスが機能している
Lv2	蓄積	各種計画基準情報が蓄積されている
Lv1	情報の標準化	製品毎の計画基準情報（レシピ、工程、実績時間）が決められた形式で記録されている

配車手配
最適ルート
選択ができる
仕組み

生産管理・物流プロセスイノベーション
即納体制の構築

KPI 配送リードタイム短縮

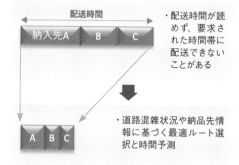

時間単位の納品が
要求されているが、
配送計画に遅れが
生じる

配送時間

納入先A　B　C

・配送時間が読めず、要求された時間帯に配送できないことがある

A B C

・道路混雑状況や納品先情報に基づく最適ルート選択と時間予測

最適配車ルート選
択により最短で納
品できる体制づく
り

配送ルートシミュレーション

道路状況　荷物状況　トラックの空き状況　客先情報

Lv5	現実との双方向連携	道路の混雑状況と配送先情報から、最適配車ルートを提案する
Lv4	仮想空間での最適化	現在の道路の混雑状況を加味し、配送時間をシミュレーションできる
Lv3	データによるプロセスの連携	蓄積されたデータから配送ルートごとの時間を予測し、配送計画を立案できる
Lv2	蓄積	配送ルートや配送時間の実績が蓄積される
Lv1	情報の標準化	配送ルートや配送時間を決められた形式で記録できる

生産管理・物流プロセスイノベーション

安定した生産

負荷変動を抑える仕組み

KPI 労働・設備生産性向上

各職場ごとの負荷のばらつきが大きい

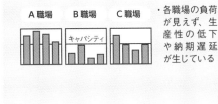

- 各職場の負荷が見えず、生産性の低下や納期遅延が生じている

負荷変動を最小化する計画づくりと生産進捗に応じた柔軟な変更対応

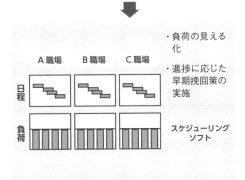

- 負荷の見える化
- 進捗に応じた早期挽回策の実施

Lv5	現実との双方向連携	生産進捗状況を加味した適切な挽回策が示唆され、指示を促す
Lv4	仮想空間での最適化	負荷計画及び生産実績に基づき、遅れ発生時の挽回策（計画変更、残業対応、応受援、外注活用など）の効果を検証できる
Lv3	データによるプロセスの連携	負荷計画に基づき、リソース配分最適化計画（山積み、山崩し作業による平準化、内外作）を検討できる
Lv2	蓄積	引合情報に基づき、各職場の将来の負荷を横串で見ることができる
Lv1	情報の標準化	標準時間に基づき工程の負荷積みができる

最適サプライヤーを選択できる仕組み

生産管理・物流プロセスイノベーション

安定した生産

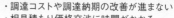

| KPI | 調達コスト削減
調達リードタイム短縮 |

・調達コストや調達納期の改善が進まない
・相見積もり価格交渉に時間がかかる

サプライヤーから提示されるコスト・納期の妥当性が判断できない

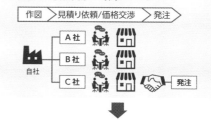

作図 ＞ 見積り依頼/価格交渉 ＞ 発注

・最適サプライヤー

QCD レベルを高める最適なサプライヤーが都度選択できる

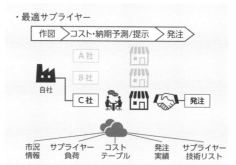

作図 ＞ コスト・納期予測/提示 ＞ 発注

市況情報　サプライヤー負荷　コストテーブル　発注実績　サプライヤー技術リスト

Lv5	現実との 双方向連携	コスト・納期の予測から最適サプライヤーを選定し自動発注できる
Lv4	仮想空間での 最適化	各サプライヤーの負荷状況、原料市況、発注量等を勘案し、コスト・納期が予測できる
Lv3	データによる プロセスの連携	蓄積されたデータを参照し、最適な発注先を選定するプロセスが機能している
Lv2	蓄積	発注実績情報が蓄積され、常に最新の状態が維持される
Lv1	情報の標準化	サプライヤーごとの発注品目・数量、コスト、納期、品質等の実績情報が決められた形式で記録される

場所に依存しないものづくり

生産管理・物流プロセスイノベーション
従来のリソースに縛られないものづくり

| **KPI** | サプライチェーンコスト低減
在庫適正化
新拠点立上げ期間短縮 |

生産地固定のため、物流が課題。また供給能力が制限される。
もっと柔軟な生産場所選択ができないか

同じ品質レベルで生産できる拠点を複数持ち、製造コスト、物流コスト等、適所生産の選択ができる

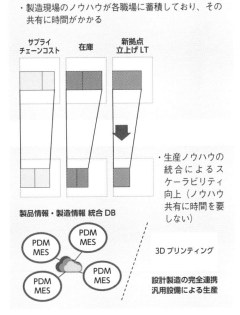

・製造現場のノウハウが各職場に蓄積しており、その共有に時間がかかる

・生産ノウハウの統合によるスケーラビリティ向上（ノウハウ共有に時間を要しない）

製品情報・製造情報 統合 DB

3D プリンティング

設計製造の完全連携 汎用設備による生産

Lv5	現実との 双方向連携	発生した問題に対して同様のリスクを孕む製品をピックアップし修正を促す
Lv4	仮想空間での 最適化	ある拠点で発生した問題が瞬時に共有され、部門横断で原因追求・対策立案できる
Lv3	データによる プロセスの連携	拠点間で製造ノウハウが共有されている
Lv2	蓄積	標準化された項目に基づき、製造ノウハウが蓄積されている
Lv1	情報の標準化	各工場の生産技術、生産ノウハウを蓄積する基盤がある

5 スマートファクトリーイメージセルでめざす工場の姿を実現する

サプライチェーン 共創ネットワーク の仕組み

生産管理・物流プロセスイノベーション
シェアリング体制の構築

KPI サプライチェーン全体での
・コストダウン
・売上 / 収益 UP

サプライチェーン
全体で受注状況や
負荷状況といった
情報が共有されず、
仕事の偏りが発生
する

```
受注
  └→ A社  工程①  →  工程②  →  工程③  →  出荷
受注
  └→ B社  工程①  →  D社外注  →  G社外注  →  出荷
```

・各社それぞれで受注受付、製造実施

・サプライチェーン全体での負荷の偏り

・各社の機会損失や非効率の発生

サプライチェーン
ネットワーク全体
で最適な委託先を
探索し、売上・コ
スト・納期を最適
化する

・サプライチェーンプレイヤー全体から最適委託先を選定して各社の売上やコスト・納期を最適化

Lv5	現実との双方向連携	受注情報と各サプライチェーンプレイヤーの現在の状況に基づき、最適委託先を選定・発注依頼ができる
Lv4	仮想空間での最適化	受注情報と各サプライチェーンプレイヤーの現在の状況に基づき、委託先別のコスト・納期がシミュレーションできる
Lv3	データによるプロセスの連携	蓄積された情報に基づき、コストや納期が最適化される製造・物流業者を選定するプロセスが機能している
Lv2	蓄積	各サプライチェーンプレイヤーで共有する情報が一元的に蓄積される
Lv1	情報の標準化	各サプライチェーンプレイヤーで共有する情報（保有機能 / 設備、能力、受注情報、負荷情報等）が決められた形式で記録される

人のスキルに依存しないものづくり

生産プロセスイノベーション

従来のリソースに縛られないものづくり

KPI 要員効率

製造部門や物流部門の人員確保が十分にできない

配置人員5名

- ・作業が標準化できておらず自動化が進まない
- ・人員確保が難しい
- ・教育に時間がかかる
- ・品質にばらつき

ロボティクスを適切に取り入れ、人作業を補助するモノづくりの推進
→自動化・無人化

配置人員2名

自動化→自立化

| 自動倉庫 | トラック
無人運転 | 自動搬送機器
(AGV) |

製造ライン
ロボティクス

Lv5	現実との 双方向連携	機器同士が直接連携し自律制御されている ・トラブルの自動回避など
Lv4	データによる プロセスの連携	ランダムなワークを識別して適切なシーケンスを選択、作業を実施できる (混流・個別生産へのロボット適用)
Lv3		計画・指示情報と連動してロボットが作業を実施できる (混流・個別生産へのロボット適用)
Lv2		複数種類の作業をロボットに代替させている (人がプログラムを選択)
Lv1	情報の標準化	作業標準、設備シーケンスがデータ化され、単一繰り返し作業をロボットに代替させている

5

スマートファクトリーイメージセルでめざす工場の姿を実現する

品質コストが最適化される工程・作業設計の仕組み

生産プロセスイノベーション

従来のリソースに縛られないものづくり

KPI 品質コストの最適化

品質問題は抑制したい。
でもどこまで投資すればよいのだろうか？

・不具合やクレームが増加傾向

・人手に依存した検査体制のままでよいのだろうか

品質コストを最適化した工程設計・作業設計の仕組み

・品質コストを最適化する工程・作業設計

	ロボット
	自動検査機
	予兆管理
	仮想工程（シミュレーション）

Lv5	現実との双方向連携	現在の生産状況（不良率・負荷率・スキル等）を加味してパラメータが更新され、工程設計・作業設計を見直した際の品質コストが算出される
Lv4	仮想空間での最適化	工程設計・作業設計を見直した際の品質コストへの影響がシミュレーションできる
Lv3	データによるプロセスの連携	蓄積された品質コストデータに基づき、工程・作業設計の改善を検討するプロセスが機能している
Lv2	蓄積	実績情報が蓄積され、失敗コスト・評価コスト・予防コスト算出される
Lv1	情報の標準化	品質コスト算出のための必要情報が議論され、活用可能な状態で記録される。記録方法が標準化されている

製造部門や物流部門の人員確保が十分にできない。個人個人のパフォーマンスが生産性を左右する

効率的なスキル教育・作業支援を行い、早期に戦力化できる仕組み

従業員の能力を最大限発揮（スキル差の補完）

従業員のスキル差をカバーする仕組み

KPI	教育期間短縮 離職率低減

・新人教育に時間がかかる
・非定常作業の教育が進まない
・ようやく一人前になったと思ったら退職してしまう

6ヶ月

手順書読み込み	OJT教育	不慣れな一人作業

・新人の早期戦力化

2ヶ月

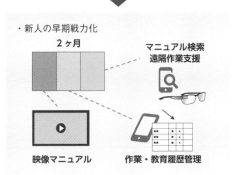

マニュアル検索
遠隔作業支援

映像マニュアル

作業・教育履歴管理

Lv5	現実との双方向連携	過去の作業実績から、間違えやすい手順やポイントをシステム判定し、指摘できる
Lv4	仮想空間での最適化	現在の作業状態が見え、ベテラン従業員が遠隔で作業支援できる
Lv3	データによるプロセスの連携	作業に合わせて作業手順書やワンポイント表が表示される
Lv2	蓄積	教育実施記録が蓄積され、個人個人のスキル取得状況が可視化されている
Lv1	情報の標準化	手順書やワンポイント表などの教育資料が整備され、教育プロセスが標準化されている

個々のスキルを
向上させる
仕組み

生産プロセスイノベーション

従業員の能力を最大限発揮（スキル差の補完）

KPI　労働生産性向上
　　　従業員モチベーション向上

製造部門や物流部門の人員確保が十分にできない。個人個人のパフォーマンスが生産性を左右する

スキルレベル

?

勤務年数

・今日の作業結果の良し悪しがわからない
・日々同じ作業の繰り返し…私は成長しているのだろうか

・実績の可視化によるスキルアップの促進

作業実績を個人にフィードバックし、やる気を誘発する自己啓発の仕組み

スキルレベル

勤務年数

作業成績
ダッシュボード

Lv5	現実との双方向連携	対比結果や、過去のあるいは他社のベストプラクティスとの比較により、改善のアドバイスを自動で行う
Lv4	仮想空間での最適化	標準とのずれを瞬時に可視化し、作業者にフィードバックできる
Lv3	データによるプロセスの連携	記録情報を標準対比、あるいは、過去データと対比してパフォーマンスが評価できる。その結果を個人に日々フィードバックできる
Lv2	蓄積	作業実績情報を蓄積している
Lv1	情報の標準化	同一書式あるいは同一システムで作業者個人の実績を記録している。記録方法が標準化されている

<table>
<tr><td>負荷を適切に
コントロール
する仕組み</td></tr>
</table>

生産プロセスイノベーション

従業員の能力を最大限発揮（工数の活用）

KPI 労働生産性の向上

作業者に負荷の偏りがある。もっと有効にリソースを活用できないか

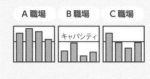

・一人ひとりの空き状況が見えない

・スムーズに応受援できれば良いのに

一人ひとりの作業負荷が見え、作業のディスパッチが臨機応変にできる仕組み

・負荷の見える化

・進捗に応じた早期挽回策の実施

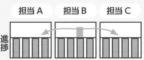

スケジューリングソフトを活用

Lv5	現実との 双方向連携	生産進捗状況を加味した適切な挽回策が示唆され、指示を促す
Lv4	仮想空間での 最適化	負荷計画及び生産実績に基づき、作業者、工程の空き状況がリアルタイムで把握でき、挽回策（順序変更、設備変更、応受援など）の効果を検証できる
Lv3	データによる プロセスの連携	負荷計画に基づき、リソース配分最適化計画（山積み、山崩し作業による平準化）を作成するプロセスが機能している
Lv2	蓄積	引合情報に基づき、各職場の将来の負荷を横串で見ることができる
Lv1	情報の標準化	標準時間に基づき工程の負荷積みができる

従業員の能力を最大限発揮 (工数の活用)

| 付加価値時間比率を高める仕組み | **KPI** | 付加価値作業比率の向上 |

準備・運搬等の付加価値を生まない業務に人手が取られる

不随作業や不稼働

付加価値を生む業務

・今日の作業結果の良し悪しがわからない

付加価値の高い作業に工数を集中投下できる仕組み

・付加価値の高い業務にシフト

| 実績収集システム |
| スケジューリングソフト |
| 進度管理システム |

Lv5	現実との双方向連携	作業の進捗状況に基づき、不随作業や不稼働が最小となるように、小日程計画を柔軟に洗い替え、各作業者に指示される
Lv4	仮想空間での最適化	不随作業や不稼働が最小となる小日程計画・作業指示が行われる
Lv3	データによるプロセスの連携	付加価値作業比率に基づき、改善を検討するサイクルが機能している
Lv2	蓄積	定義された作業項目について、実績情報が記録・把握できている
Lv1	情報の標準化	付加価値を生む作業と付加価値を生まない作業について、項目や区分が定義されている

部品個体差を吸収し
完成品品質維持する
仕組み

品質管理のレベルアップ

KPI 製品の性能 UP

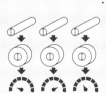

部品の個体差に
よって製品の発揮
するパフォーマン
スが異なる

・部品の寸法個体差が製品
全体のパフォーマンスに影
響する

交差範囲内でのものづくり

・量産でもピタンコ生産でき
れば製品性能を最大発揮
できる

製品性能を最大発
揮させるピタンコ
生産の仕組み

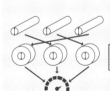

三次元測定	3D プリンタ

実測データに基づく選択勘合

Lv5	現実との 双方向連携	製品個体ごとの計測データに基づき、最適な部品の組み合せが自動選択されるようになっている（選択勘合）
Lv4	仮想空間での 最適化	製品個体の計測データに基づき、組み合わせ先の部品に対して、最適な加工寸法が個別指示される
Lv3	データによる プロセスの連携	組み合わせ情報および組み合せごとの製品性能をモニタリングし、寸法公差を検討するプロセスが機能している
Lv2	蓄積	部品個体ごとの計測データとその組み合わせ情報が蓄積されている
Lv1	情報の標準化	部品個体ごとの計測データが活用可能な状態で記録される。記録方法が標準化されている

生産プロセスイノベーション
品質管理のレベルアップ

原材料廃棄ロスを最小に抑える仕組み

KPI	不良廃棄コスト削減

原材料廃棄によりコストが悪化。環境への影響も懸念される

不良廃棄額

実際 ／ 標準

・品質不具合による廃棄コスト増加
・最適な打ち手が見えない

歩留を最大化する施策がクイックに実施できる仕組み

標準 ／ 実際

悪化傾向を捉え早期挽回

・歩留悪化をいち早く察知し、早期に手が打てる

実績モニタリング

各種センサーによる予兆検知

Lv5	現実との双方向連携	現在の人・もの・設備の状態を勘案して、歩留を最大化する打ち手を自動検討、修正を指示できる
Lv4	仮想空間での最適化	将来の受注情報に対して、歩留を最大化する打ち手（ディスパッチ、発注、生産計画順序）とその効果をシミュレーションできる
Lv3	データによるプロセスの連携	蓄積された実績情報が短サイクルに製造現場にフィードバックされ、改善を検討するプロセスが機能している
Lv2	蓄積	製品・工程ごとの歩留実績が蓄積され、標準歩留と対比できる
Lv1	情報の標準化	製品・工程ごとの歩留実績が活用可能な状態で記録される。記録方法が標準化されている

生産プロセスイノベーション

品質保証のレベルアップ

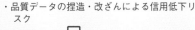

KPI ガバナンス強化

品質データの捏造
や改ざんが話題に
なっているが、自
社は問題ないだろ
うか？

・品質データの捏造・改ざんによる信用低下リスク

さまざまな端末や
人が容易にアクセス
できるデータベース

信頼性の高い品質
実績記録を保証す
る仕組み

・信頼性の高いデータで顧客の信用を獲得

ブロックチェーン

1. トレーサビリティー（追跡可能性）	
2. 閉改ざん性（改ざん不可能）	
3. 透明性（情報共有）	

捏造・改ざんが
事実上不可能な環境

Lv5	現実との双方向連携	データの捏造・改ざんができない仕組み（ブロックチェーン、IOTA など）
Lv4	仮想空間での最適化	システム上でデータの修正ができない、データ修正時の改竄可能性を検知できる
Lv3	データによるプロセスの連携	登録された記録を修正するための仕組みが、業務ルールと連動してシステム制御されている
Lv2	蓄積	測定データの自動記録によって、作業者の誤記や誤判断を防止する
Lv1	情報の標準化	作業者による手書き記録を直接デジタルツールに記録する

5

スマートファクトリーイメージセルでめざす工場の姿を実現する

生産プロセスイノベーション
品質保証のレベルアップ

品質問題発生時の
影響を最小に抑える
仕組み

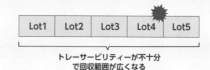

KPI　製品回収に係るコスト削減

トレーサビリティ
の仕組みが脆弱

・品質問題発生時の影響範囲が特定できず、
改修範囲が膨大になる（影響コスト大）

| Lot1 | Lot2 | Lot3 | Lot4 | Lot5 |

トレーサビリティーが不十分
で回収範囲が広くなる

原材料から完成品
まで、固体単位で
トレーサビリ
ティが取れ、問題
発生範囲を限定的
にできる

・品質問題発生時の影響範囲が特定でき、
コストを抑制

| Lot1 | Lot2 | Lot3 | Lot4 | Lot5 |

影響範囲の特定で回収
コスト減

データの自動記録
データの統合・蓄積

Lv5	現実との 双方向連携	製造過程で異常を検知した際の影響範囲と発生コストを見極め、実施すべき対応とその範囲が示唆される
Lv4	仮想空間での 最適化	発生問題に対する対策について必要コストがシミュレーションできる
Lv3	データによる プロセスの連携	入庫～出荷の各プロセスにおける蓄積情報が連携され、問題発生時の影響範囲を特定できる
Lv2	蓄積	トレーサビリティ管理に必要な項目が蓄積される
Lv1	情報の標準化	トレーサビリティ管理に必要な項目（識別子・検査実績情報など）が定義され、記録される

改善活動が活性化する工場

製造実績データで改善プロセスが活性化する仕組み

KPI QCDレベルアップ

生産実績が数値が見えず改善が活性化しない

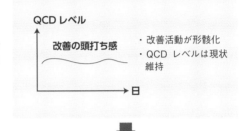

・改善活動が形骸化
・QCD レベルは現状維持

製造実績データのタイムリーな可視化で改善活動が活性化する仕組み

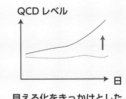

見える化をきっかけとした改善ブレークスルー

・徹底的な見える化で改善活動の高度化とスピードアップ

IoTセンサー
データ集計・可視化ソリューション

Lv5	現実との双方向連携	生産進捗状況を加味した適切な挽回策が示唆され、改善を促す
Lv4	仮想空間での最適化	リアルタイムに見える化されたデータに基づき、各 KPI の悪化リスクを検知、挽回策の想定効果をシミュレーションできる
Lv3	データによるプロセスの連携	蓄積・可視化されたデータが短サイクルに製造現場にフィードバックされ、改善を検討するプロセスが機能している
Lv2	蓄積	製造実績データが蓄積され、一元的に統合・管理される
Lv1	情報の標準化	取得すべき製造実績データが定義され、活用可能な状態で記録される。記録方法が標準化されている

SX 実績データで 改善プロセスが 活性化する仕組み

生産プロセスイノベーション

改善活動が活性化する工場

<table>
<tr><td>KPI</td><td>社会価値・環境価値の向上</td></tr>
</table>

そろそろ SX に着手 したいが、何から 手をつけて良いか わからない

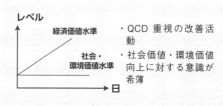

・QCD 重視の改善活動
・社会価値・環境価値 向上に対する意識が 希薄

QCD だけでなく、 サステナビリティ 視点でも改善活動 が活性化する工場 の仕組み

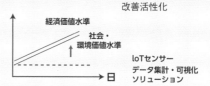

・経済価値・社会価値・ 環境価値視点からの 改善活性化

IoTセンサー データ集計・可視化 ソリューション

Lv5	現実との 双方向連携	製生産進捗状況を加味した適切な挽回策が示唆され、改善を促す
Lv4	仮想空間での 最適化	リアルタイムに見える化されたデータに基づき、各 KPI の悪化リスクを検知、挽回策の想定効果をシミュレーションできる
Lv3	データによる プロセスの連携	蓄積・可視化されたデータが短サイクルに製造現場にフィードバックされ、改善を検討するプロセスが機能している
Lv2	蓄積	社会価値・環境価値関連データが蓄積され、一元的に統合・管理される
Lv1	情報の標準化	社会価値・環境価値の観点から取得すべき実績データが定義され、活用可能な状態で記録される。記録方法が標準化されている

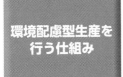

環境配慮型生産を
行う仕組み

生産プロセスイノベーション
環境に配慮したものづくり

KPI CO₂排出量削減

いつ・どの設備で
生産すればCO₂排
出量が最小となる
かわからない

・実績に基づくエネ
ルギー総量管理の
み（ものづくりの工
夫が与えるインパ
クトが見えない）

・日あるいは時間単位で創エネ / 再エネ量と必要
エネルギー量が可視化され、生産タイミング・
使用設備を調整できる

CO₂排出量が最小
となる生産タイミ
ング・使用設備の
選択ができる仕組
み

エネルギー管理と
生産管理の運動

Lv5	現実との 双方向連携	生産状況や設備稼働実績に基づき、CO₂排出を最小化する修正計画が提示される
Lv4	仮想空間での 最適化	生産状況や設備稼働実績（回転数 / 速度 / 稼働時間帯 / トラブル等）をもとに、計画変更時のCO₂排出量への影響をシミュレーションできる
Lv3	データによる プロセスの連携	蓄積されたデータに基づき、生産計画における日々のCO₂排出量目標が設定される
Lv2	蓄積	モニタリングすべきデータが蓄積され、可視化される
Lv1	情報の標準化	環境配慮型生産のためにモニタリングすべき項目と算出式、管理スパンが標準化されている

環境に配慮したものづくり

**発生経費の
バランスを最適に
管理できる
仕組み**

| KPI | エネルギーコスト低減 |

エネルギーコスト
の発生状況が見え
ず対策が後手に回
る

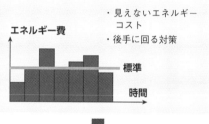

・見えないエネルギー
コスト
・後手に回る対策

エネルギー費

標準

時間

エネルギーコスト
の把握と制御がで
きる仕組み

・エネルギーコストの
自動制御

センサ・計測器

FEMS
（工場エネルギー
マネジメントシステム）

エネルギー費

標準

時間

Lv5	現実との 双方向連携	生産計画をもとに稼働日のエネルギーピークをシミュレーションし、波動の平準化に向けた最適な生産順序や稼働対象設備を指示する
Lv4	仮想空間での 最適化	消費エネルギーをリアルタイムで把握し、正常値内に制御できる（設備速度やアイドリング制御）
Lv3	データによる プロセスの連携	ライン別／製品別のエネルギーコストの標準値を設定でき、標準超過に注意喚起ができる
Lv2	蓄積	原単位レベル（kw/kg）でライン別／製品のエネルギーコストが見える化できる
Lv1		設備別の生産重量と消費エネルギー情報をデータとして出力することができる

ビジネスプロセスイノベーション

ものづくりのブランド化

| **高品質であることを工場が保証する仕組み** | | |

| **KPI** | 魅力品質の向上
売上の向上 |

匠の技術を生産システムに組み込み量産化できないか

・品質のつくり込みが、一部の生産職人の暗黙知に依存している

匠の暗黙知で作られる製品

徹底した制御、匠の技術化で高品質製品の量産化が行える

匠の暗黙知解析 ↔ 生産実績（品質関連KPI）

魅力品質の向上
売上の向上

生産システム

・出来栄え品質の微妙な違いが作業条件の何に起因するのかを徹底的に解析し、制御アルゴリズムに取り込み、自動フィードバックにより自律的に品質向上が実現する

Lv5	現実との 双方向連携	自動フィードバックにより、個体ごとに制御パラメーターを変え、自律的に目標の品質レベルを実現できている
Lv4	仮想空間での 最適化	バーチャル環境で、制御パラメーターを変え、目標の品質レベル適正化のシミュレーションができる
Lv3	データによる プロセスの連携	自動で加工面実績を設備にフィードバックし、制御すべきパラメーターを判断できている
Lv2	蓄積	自動で加工面の実績を個体ごとに蓄積できている
Lv1	情報の標準化	匠技術のパラメーター化ができている

ビジネスプロセスイノベーション

ものづくりのブランド化

KPI 顧客満足度向上

生産者や産地の情報をユーザーにアピールできないか

生産者が
不明

・ 納入した製品の産地などの情報が上手く開示できておらず、購入を敬遠されることがある

・ 優れた生産者をアピールできていない

生産者や社内の匠の技術者をブランド化し、納入製品と紐づけることで製品品質の魅力度を高める

生産者・匠の
顔が見える

安心・安全

ユーザー

・ 生産者情報が DB化され、ユーザーにその情報が開示

生産者のデータベース
生産計画システムとの
連携

顧客満足度向上

Lv5	現実との双方向連携	顧客の受注情報に基づき、生産者への手配と管理ができる
Lv4	仮想空間での最適化	顧客が、好みの生産者を選択し契約条件等のシミュレーションができる
Lv3	データによるプロセスの連携	調達先および自社の調達・生産情報が、顧客に情報提供されている
Lv2	蓄積	調達先および自社の調達・生産情報が常に更新されている
Lv1	情報の標準化	原材料調達先、生産者、匠のものづくり情報がロットごとに DB 化されている

注文品の生産進捗状況が顧客に見える仕組み

ビジネスプロセスイノベーション

ものづくりのブランド化

KPI 顧客満足度向上
大きな手戻りの回避

長納期物件の顧客とのコミュニケーションを円滑化できないか

・住宅や産業機械製作など、ユーザーの個別のオーダーに基づいては、その進捗をユーザーに定期的に報告する必要がある

生産進捗状況がクラウド上に保管され、Web で閲覧できる
納期遵守率だけでなく、計画達成率を顧客へ提示できる

**顧客満足度向上
大きな手戻りの回避**

・Web 上でその進捗を共有することで、ユーザー満足度を高める

Web カメラ
Web 共有サイト

Lv5	現実との双方向連携	顧客からの要望や修正要求をその場でやり取りできる
Lv4	仮想空間での最適化	生産進捗状況がクラウド上に保管され、Web で閲覧できる納期遵守率だけでなく、計画達成率を顧客へ提示できる 生産進捗状況を WEB 上でユーザーが確認できる
Lv3	データによるプロセスの連携	計画遅れが発生しそうなラインをアラートしてくれる
Lv2	蓄積	生産進捗と今後の実績予測がモニタリングされている
Lv1	情報の標準化	生産進捗状況と進度の要因がデジタル化されている

安心安全を 保障する仕組み	ビジネスプロセスイノベーション ## 安心安全なコーポレートイメージの確立

KPI 品質コストの抑制
顧客信頼度

市場での品質トラ
ブルに対してその
対応が煩雑であり
時間を要する

・納入した製品の顧
客情報、製品の製
造 Lot などの情報
が紐づいておら
ず、範囲の特定に
時間を要する

問題が発生した際
にその影響範囲を
特定でき、迅速な
対応が取れる

・トレーサビリティ
必要情報が一元化
され紐づいている

**品質コストの抑制
顧客信頼度**

製品の個体情報システム
ソフトウェアで
アップデートできる仕組み
顧客情報のシステム

Lv5	現実との 双方向連携	納入製品の不具合点が、納品後もアップデートされる ソフトウェアアップデート、ハードウェアメンテナン ス体制の構築
Lv4	仮想空間での 最適化	問題が生じた時にその影響範囲を仮想空間上で特定でき る
Lv3	データによる プロセスの連携	サプライチェーン、デマンドチェーン上の製品がデータ で紐ついている (トレーサビリティの仕組みがある)
Lv2	蓄積	標準ルールにのっとり、データが蓄積されている
Lv1	情報の標準化	トレーサビリティ可能なデータ項目が整理されている (社内情報、社外情報)

顧客のニーズに応えつつ売れ残りも防ぎたい

KPI	売れ残り廃棄ロス削減 原材料費の低減

商品の売れ残り廃
棄ロスをなくした
い

売れ残り　廃棄

**いまある
食材で
作れる
レシピ**

**売れ残り廃棄ロス削減
原材料費の低減**

自社の在庫状況を
勘案し、おすすめ
商品の提案ができ
る

・生鮮品など鮮度が短
　い製品は需要とのバ
　ランスで廃棄ロスが
　生じやすい
・天候などの影響で、
　生産量そのものも計
　画誤差が生じやすい

・おすすめのレシピ
・便利な活用方法な
　ど、需要想起の提案
　ができる

売れ残りリスクの
アラーム
レシピの生成
情報サイトとの連携
情報サイトとの更新の
仕掛け

売りたい方向に
顧客を誘引する
仕組み

Lv5	現実との 双方向連携	販促活動を織り込んだデマンドチェーンとサプライチェーンを結び付け、適正供給計画に繋げる事ができる（自動 VMI）
Lv4	仮想空間での 最適化	AI により推定された売れ残りリスクに基づき販売促進のレコメンドがなされる
Lv3	データによる プロセスの連携	在庫情報から売れ残りリスクなどを判断して販促活動ができている
Lv2	蓄積	決められた項目と粒度で在庫情報が蓄積されている
Lv1	情報の標準化	製品ごとや拠点ごとの在庫情報標準的に管理できている

販売後の新たな収益源の確立

KPI	顧客当たりの売上 UP リピート率の UP

 買い替え需要や、オプション販売など、製品販売後の新たな収益を得たい

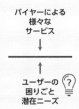

バイヤーによる
様々な
サービス
↓
↑
ユーザーの
困りごと
潜在ニーズ

・購入後のユーザーをつなぎとめる仕組みがなく、効果的なセールスができていない

 顧客の使用履歴や目的、関心を自動でモニタリングでき、販促、製品の戦略立案と、実行のサイクルを短期間で回せる

バイヤーによる
様々な
サービス
↕
ユーザーの
困りごと
潜在ニーズ

・One to One の効果的な情報提供ができる
・購入後の顧客の利用シーンを想定し、自社の製品とともに生活シーンを提供できる

顧客当たりの売上 UP
リピート率の UP

購入サイト
購買行動分析エンジン
リコメンドエンジン

Lv5	現実との 双方向連携	一人ひとりに対して、購入後の顧客の利用シーンを想定、自社の製品とともに生活シーンを提供できる仕組み
Lv4	仮想空間での 最適化	マスに対して、購入後の顧客の利用シーンを想定し、自社の製品とともに生活シーンを提供できる仕組み
Lv3	データによる プロセスの連携	顧客の使用履歴や使用目的、関心を元に、販促戦略や製品戦略を立案できる
Lv2	蓄積	顧客の使用履歴や使用目的をモニタリングできている
Lv1	情報の標準化	顧客製品を使用するためのアプリを提供できている

販売後の新たな収益源の確保

KPI	メンテナンスビジネスの拡張と コスト抑制 顧客満足度

納品した製品が
新たな付加価値を
生む情報源となる
仕組み

アフターサービス
ビジネスをもっと
事業の武器にでき
ないか

ユーザーから
更新依頼

↓

サービス供給者は
受け身対応

・製品の修理対応や
定期メンテナン
ス、買い替え需要
などが、ユーザー
からの受け身対応
になっている

顧客の使用状況を
リアルタイムで把
握できる仕組みが
構築され、必要な
需要喚起に役立て
ている

ユーザーに対し
Push型サービスを
提供

サービス供給者が
使用状況を
モニタリング

**メンテナンスビジネス
の拡張とコスト抑制
顧客満足度**

・納入後使用状況の
把握
・適切な対応方法の
リコメンド

製品の個体情報システム
顧客情報のシステム
対応方法リコメンド

Lv5	現実との 双方向連携	顧客の購入年数・使用状況（稼働状況・摩耗状態等モニタリング含む）から、自動で更新時期・故障前に交換・修理を提案できる（さらには改善のアドバイスも）
Lv4	仮想空間での 最適化	（顧客の同意の上）顧客の使用状況をリアルタイムで把握できる仕組みが構築されている
Lv3	データによる プロセスの連携	顧客特性から、おおよその購入タイミング・提案タイミングを推測する仕組みが構築されている
Lv2	蓄積	顧客別の購入頻度・修理頻度をデータ化し、顧客別の特徴を捉えられている
Lv1	情報の標準化	顧客別の購入時期、活用頻度などをデータ化できている

5

スマートファクトリーイメージセルでめざす工場の姿を実現する

第6章

スマートファクトリーを
実現するメソッド
「TAKUETSU PLANT」

1 TAKUETSU PLANT Design Method

　第4章、第5章では、スマートファクトリーの「ゴールは1つではない」と言う主張のもと、自社に最も適した生産システムのビジョンを、私たちが開発した「スマートファクトリーイメージセル」によって組み立てていく方法を紹介しました。このビジョンを具体化していくには、**ものづくりに関連する多くの部門を巻き込んでさらにもう一段検討を深め、実装につなげていく必要**があります。

　JMACではこのプログラムを「TAKUETSU PLANT Design Method」と称して研究を重ねています。第6章ではイメージセルをコアコンセプトとして実際に工場を新設、あるいはリニューアルしていくプロジェクトの考え方「TAKUETSU PLANT Design Method」を中心に整理してみたいと思います。

(1) 様々な生産システム

　お客様からオーダーを受け、その情報や仕様をもとに実際のものづくりにつなげ、自社製品をお届けする機能を「生産システム」と呼ぶことにします。この生産システムを実装しているのが工場を中心としたものづくりの現場です（**図表6-1**）。すなわち**スマートファクトリーでめざすのは、この生産システムのスマート化である**ということができます。

　生産システムを構成するのは、設備やユーティリティ、人、物、これらを司る情報、いわゆる4M（Man・Machine・Material・Method）であり、これらの組み合わせが生産システムの様々なバリエーションを生み出しています。同一製品を完全自動化した無人設備で生み出すシステム、人手をかけて即日対応するシステム、毎回異なる形状の製品を汎用設備で組み上げるシステムなど様々で

す。いずれも、顧客の要求にいかに対応するかの試行錯誤の結果選択されてきたシステムであり、扱う製品、顧客のニーズ、業界でのポジショニングなどによって４Mの組み合わせはそれぞれ異なるのです。

図表 6-1　生産システムの役割

様々な生産システム
・同一製品を完全自動化した無人設備で生み出すシステム
・人手をかけて即日対応するシステム
・毎回異なる形状の製品を汎用設備で組み上げるシステム

(2) 生産システムの構造

たとえば、スマートファクトリーによって「現在よりも収益性を高めたい」といった漠然とした目標を持つことがあるでしょう。そうした場合、どこからデジタル化を進めていけば良いのでしょうか。設備の自動化？　実績の自動収集？　従業員の教育？　全て正しそうですが、いまひとつピントがぼけています。もう少し焦点の合った施策を見つけるには、「生産システムの能力が何によって決まるか」という点を構造的に理解することが必要になります。その構造を理解したうえで、どこにクリティカルな課題があるのかを見つけることができれば、より解像度の高い施策が見いだせるのではないでしょうか。そのことを、サーキットを舞台にした自動車レースにたとえて考えてみました。

＜サーキットで勝つために＞

「生産システムの能力を決定づける構造」を理解するために、1つのアナロジーで考えてみたいと思います。

突然ですが、サーキットを舞台にした自動車レースを例に考えてみましょう。この競技の目的は、ライバルよりも早くゴールインすることです。そのためには必要なことは何でしょうか。まず、何をおいても「最高時速 400km/h で走るハイスペックマシン」、次に「そのマシン性能を最大限引き出す運転技術」、そしてもう1つは「エンジンの状態やタイヤの減り具合を管理しマシンコンディションを整える技術」といったことが考えられます。これらが一体となって初めてレースに挑むことができるわけです。そしてこのレースに参加するドライバーやメカニックスタッフは、経験値を積むことで次のレースではより洗練された戦い方ができるようになるはずです。勝負の分かれ道は、高性能なマシンの能力を最大限かつ持続的に出し続けることができるか、ということになります。

すなわち、レースで戦うためには「マシン（これを Physical と言います）」、「運転技術（Operation）」、「自動車性能管理（Management）」そしてこれらを実装する「スタッフの成長（Resource）」。この3＋1がそれぞれ重要な要素となることを理解いただけるかと思います（**図表 6-2**）。

図表 6-2　サーキットで勝つための要素

（3） TAKUETSU PLANT Design Method フレームワーク

　JMACが提唱するスマートファクトリー構築のための「TAKUETSU PLANT」は、まさしく、生産システムを3＋1で捉え、それぞれのExcellence（卓越）をデジタル技術で実現していくプログラムです。

　サーキットでナンバーワンになるためのレーシングチームと同じフレームワークで表現することができますが、最大の違いは**図表6-3**の左側に位置する、「経営課題の実現」というボックスです。その違いをひと言で言うと、会社によって顧客やゴールが異なるという点です。この違いによって生産システムのデザインも大きく変わってくるのです。Physical、Operation、Managementを適切に組み合わせた上で、先進のデジタルテクノロジーを適用し、今まで解決できなかった課題をブレークスルーできないかを検討する。そのためのフレームワークが、「TAKUETSU PLANT Design Method」です。

図表6-3　TAKUETSU PLANT Design Method

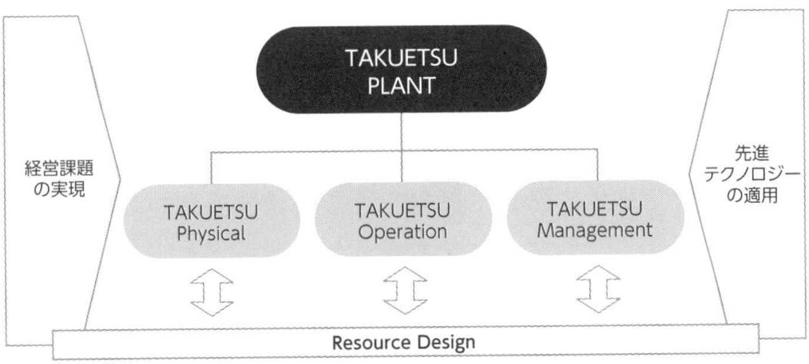

2 生産システムの実力値

TAKUETSU PLANT について説明する前に、工場の能力を決定する3要素について一度整理したいと思います。

工場の能力は、つぎの3要素で決まると定義できます。

①構成される人や設備のスペック、そしてその組み合わせ方で生じる相互干渉

②このスペックを生かし切るオペレーション

③たとえば材料のばらつきや、設備のトラブル、また従業員のスキル差、作業方法の違いなど、リソースの揺らぎ

続いて、ある製薬工場の生産工程をモチーフにして、この3要素について見ていきましょう。

(1) 理論スペック（①）

たとえば、混合工程には専用の設備と作業者2名が標準的に配置されており、設備と人が持つ基本的なスペックと相互連携で理論処理能力が決定します。混合工程内では人が設備を待つ時間、設備が人を待つ時間といった「相互の干渉ロス」が生じています。混合工程に配置されている設備のスペックが1ton/h の処理能力だとすると、その値が混合工程の最大能力となりますが、設備を動かすための2人の作業との相互関係で、1日の稼働時間は制限されます。6時間の稼働が可能だとすると、混合工程の理論処理能力は6ton/日となります。混合を終えた中間品は殺菌工程に送られ、最終工程へと進んでいきます。また混合工程と殺菌工程の間で捉えると、それ

ぞれの理論スペックの差や投入のタイミングによって、工程間での待ち時間がやはり生じます。このように、プロセス全体の理論スペックは、人と設備、あるいは工程間のリソース間で必然的に生じる干渉ロスをある程度標準的に織り込んだものとなります（**図表6-4**）。

図表6-4　工場全体の理論スペック

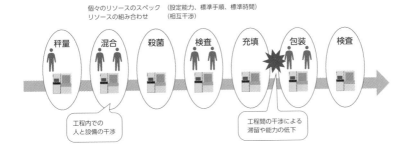

(2)　工場のスペックを生かすオペレーション（②）

　次に①のスペックをいかに有効に使いきれるか。わかりやすい例でいえば、日程計画の組み方1つで工場の操業度は大きく左右されます。

　また小ロットで生産すれば切替時間が増え、稼働率は低下する一方で、中間在庫が減少して保管コストの削減や、全体のリードタイム短縮にも貢献します。

　この辺りが、サーキットチームのように単純には行かないところで、話をややこしくする部分になってきます。まさに解決すべき経営課題によって、その方策が変わってくるということを意味し、前章で解説したイメージセルによるコンセプト設計に大きく重なる部分になります。

図表6-5　工場のスペックを生かすオペレーション

①工場全体の理論のスペック
個々のリソースのスペック　（設定能力、標準手順、標準時間）
リソースの組み合わせ　　　（相互干渉）

秤量　　混合　　殺菌　　検査　　充填　　包装　　検査

②工場のスペックを生かすオペレーション

(3) リソースの揺らぎ（③）

　実際の生産活動においては、なかなか目論見通りに進捗しないケースがほとんどです。材料のばらつきやサプライヤーからの納品遅れ、各工程での工程歩留まりの低下や設備トラブルによる停止ロス、オペレータの習熟度の違いや予期せぬ欠勤など、生産工程に投入される材料、設備、人といった個々の生産システム要素のパフォーマンスが、生産システムの実力値に大きく影響を及ぼします。

図表6-6　生産システムの能力を決定する3つの要素

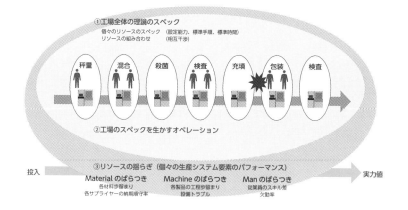

①工場全体の理論のスペック
個々のリソースのスペック　（設定能力、標準手順、標準時間）
リソースの組み合わせ　　　（相互干渉）

秤量　　混合　　殺菌　　検査　　充填　　包装　　検査

②工場のスペックを生かすオペレーション

投入　　③リソースの揺らぎ（個々の生産システム要素のパフォーマンス）　　実力値
Material のばらつき　　　　Machine のばらつき　　　　Man のばらつき
各材料歩留まり　　　　　　各製品の工程歩留まり　　　従業員のスキル差
各サプライヤーの納期順守率　設備トラブル　　　　　　　欠勤率

3 TAKUETSU PLANT の3+1

　生産システムの実力値は、理論スペック、オペレーションの良否、リソースの揺らぎの3要素で決定すると定義しました。

生産システムの実力値＝
理論スペック×オペレーションの良否×リソースの揺らぎ

　TAKUETSU PLANT はこの3要素のレベルを高めるアプローチに他なりません。それぞれの Excellence（卓越化）について、見ていきたいと思います。

(1) 卓越したフィジカルの追求（Physical Excellence）

　将来的な需要見込みやサプライヤー編成も含めた工程設計に基づき、工場の必要能力とそれを実現するためのハード設計（生産設備、搬送設備、エネルギー供給設備など）により、工場のハード面をつくりこんでいくのが「Physical Excellence」です。ロボティクス、3Dプリンティング、無人搬送機器などを有効に活用し、作業者の補助、機械同士の自律制御などを検討します。イメージセルで展開されたゴール実現のためには、どのような仕様に落とすべきかを「Operation」とセットで検討していきます。Physical の強さがスマートファクトリーの成否を決めるといっても過言ではありません。

　Physical Excellence のレベル感については、人が手作業で行うレベルから、自律的な修正を完全自動で行うレベルまでを段階的に表記しました（**図表6-7**）。

171

図表 6-7　Physical Excellence の成熟モデル

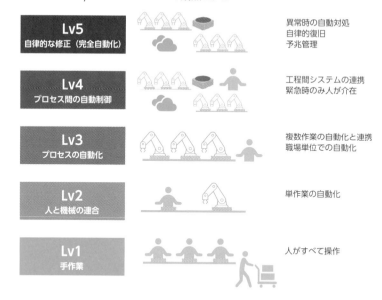

Lv5
自律的な修正（完全自動化）
異常時の自動対処
自律的復旧
予兆管理

Lv4
プロセス間の自動制御
工程間システムの連携
緊急時のみ人が介在

Lv3
プロセスの自動化
複数作業の自動化と連携
職場単位での自動化

Lv2
人と機械の連合
単作業の自動化

Lv1
手作業
人がすべて操作

（2）　卓越したオペレーションの追求（Operational Excellence）

　多様化するユーザーの要望にどのように応えながら、いかに効率的なものづくりを実現するかを「Physical」とセットで検討していきます。

・デジタルを活用しながらどのように生産活動を進め、レベルアップしていくのか
・設計・試作・量産のプロセスを連動させていかに品質の高い製品を提供するか
・受注から出荷までの一連のものづくりプロセスを連動させていかに無駄のない作業計画を策定するか
・サプライヤーとの連動性を高めいかに整流化した工場にするか、さらには、エネルギーをどのようにコントロールして、循環型の

　上記のような経営課題を熟慮し、イメージセルで重点化したテーマに対し、有効なデジタルツールの選択・活用を考えていきます。販売管理システム、ERP、MES といった従来からある基幹系システムと、様々なエッジデバイスを組み合わせて Cyber Physical System を構築していくことが 1 つの方向感といえます。達成レベルについては、第 5 章でも触れたように個々のテーマでそれぞれ異なりますが、1 つの指針としては、ビッグデータの活用を中心とした図表 6-8 のような枠組みが考えられます。

図表 6-8　Operational Exellence の成熟モデル

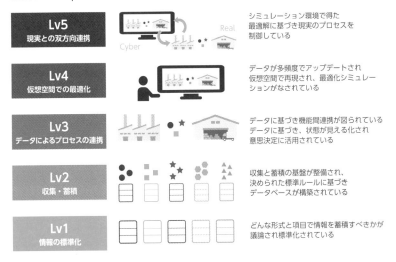

(3)　卓越したマネジメントの追求（Management Excellence）

　Physical Excellence と Operational Excellence の 2 軸でデザインされた仕組みが基本的な生産システムなので、構築段階においてはまずはこの 2 軸を追求することが重要です（静的生産システム）。

このシステムを維持向上させていくためには、工場の状態を常にモニタリングし、日々の生産活動のアウトプット評価と課題の重点化、改革案の抽出と意思決定を促す管理基盤が必要です。

　Management Excellence では、デジタル技術を活用した超高速PDCA を追求します（動的生産システム）。

図表 6-9　Management Excellence の位置づけ

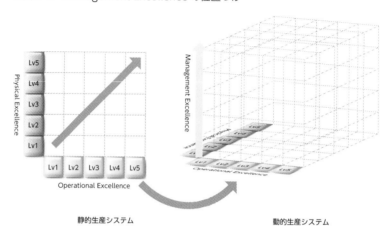

Management Excellence の成熟モデルを**図表 6-9** に示します。

　マネジメントレベルの向上を図るのは、やはり実績データの蓄積とその活用です。**図表 6-10** は、Management Excellence のレベル感を「対処的マネジメント」〜「予兆的マネジメント」までの5段階で示したものですが、多くの企業はレベル3の定型的マネジメントが行われています。的確な報告のためにローカルに蓄積された情報を集め、定型的な分析を行っている状態です。一定の見える化はされているものの、定型的でひと月遅れのレポートでは、変化への対応やスピード感を欠いてしまいます。

　より活用度の高いデータレイク（ビッグデータの巨大な湖）を構

築し、その時々におきた問題を柔軟に多面的に解析できる環境を整備していくことが、スマートファクトリーにおけるマネジメントの根幹となります（Lv4）。こうした環境整備は、データの蓄積が進むほどAIとの親和性が高くなり、より高度なマネジメントレベルへの進化を期待できます（Lv5）。

図表6-10　Management Excellence の成熟モデル

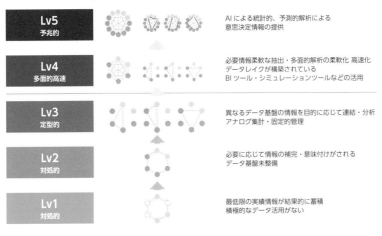

Lv5 予兆的	AIによる統計的、予測的解析による 意思決定情報の提供
Lv4 多面的高速	必要情報柔軟な抽出・多面的解析の柔軟化 高速化 データレイクが構築されている BIツール・シミュレーションツールなどの活用
Lv3 定型的	異なるデータ基盤の情報を目的に応じて連結・分析 アナログ集計・固定的管理
Lv2 対処的	必要に応じて情報の補完・意味付けがされる データ基盤未整備
Lv1 対処的	最低限の実績情報が結果的に蓄積 積極的なデータ活用がない

（4）人の役割と働き方の変革

「TAKUETSU PLANT」をめざすこと、すなわち Physical、Operation、Management の3つの"TAKUETSU"をめざすことによって、**自働化が進み情報の見える化が実現**されていきます。そのことにより、働く人たちの役割も大きく変わっていくでしょう。単純労働や工数作業は改善され、より思考的労働に時間を割けるようになるはずです。従業員の確保が難しくなることが懸念される中、こうした働き方の変革をスマートファクトリー化の大きな意義に据えていくことも重要です。

「結果としてこうなった」ではなく、一人ひとりが変革していく

ための方策を積極的に考えていきましょう。

図表 6-11 「TAKUETSU PLANT」で進化する人の役割と働き方

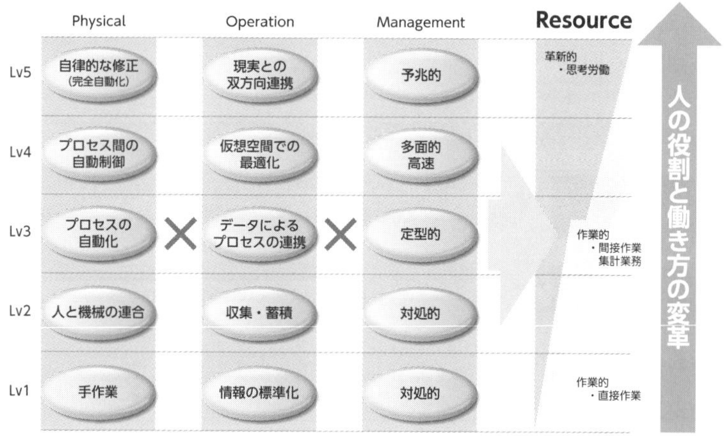

現場のオペレーターや現場責任者は、日々の工数作業から改善の
ための思考労働にシフトし、管理者層もリアルタイムで多面的に提
供される情報に基づき、より広い管理スパンでのマネジメントが可
能になるはずです。**図表 6-12** は、こうした変革を視野に入れて職
務文書そのものの改定に踏み切り、よりフラットで機動的な組織変
革をめざした例です。

図表 6-12　人の役割の働き方の変革の例

	現状の役割	ありたい姿	
工場長	工場収益管理 課題把握と 意思決定	長期ビジョンでの 改革構想打ち出し	**Top Management** サプライチェーンエンジニアリングチェーンと連動 した、工場の役割の継続的リストラクチャリング
部課長	主要 KPI の管理 課題の重点化 改善の指示		**Middle Management** 一元共有された KPI に基づく、高速 PDCA の展開
現場責任者	作業分配 進捗管理 改善活動		**Section Management** 常態的に入手できるデータに基づく、リアルタイム での改善 問題解決 PDCA の活性化
現場 オペレーター	日々の生産活動		**Operation** ルーティンワークから、データ活用による改善に シフト

　TAKUETSU PLANT でめざすものは、自社の経営課題解決に直結する、ダイナミックプロダクションシステム（動的生産システム）です。

　Physical、Operation、Management の 3 軸で、現在の自社の立ち位置を見極め、それぞれの改革施策を盛り込みながらめざす姿を描いていきます。様々な検討視点を加え、めざす姿に到達するまでのロードマップを描き、実装につなげていく。これがこのプログラムのねらいです。

図表6-13　TAKUETSU PLANT　ロードマップ

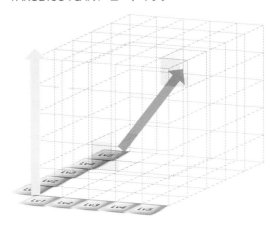

4 スマートファクトリー構築プロジェクトの進め方

（1） TAKUETSU PLANT 構築の4フェーズ

　TAKUETSU PLANT構築プロジェクトの推進は、I. 企画フェーズ、II. 基本設計フェーズ、III. インテグレーションパートナー選定フェーズ、IV. 実装フェーズの4フェーズで推進し、一連のフェーズを通して「Physical」「Operation」「Management」の3つの切り口でExcellence（卓越）を追求します。

　デジタル化を伴う業務プロセス変革により、そうした取り組みが経営的にどのようなインパクトをもたらすのかを問いながら、プロジェクトを推進することが肝要です。

図表6-14　4つのフェーズで進める TAKUETSU PLANT 構築

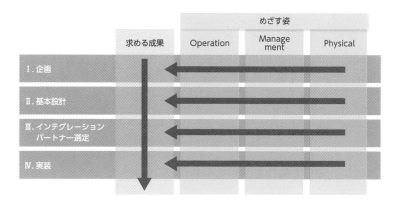

I.**企画フェーズ**では、今後のプロジェクトの指針となるコンセプトを明確にし、その意義を経営層と従業員に周知し、理解を得ることが大きな目的です。

II.**基本設計フェーズ**では、企画フェーズで描いた青写真をより具体的なプロセス変革に落とし込み、業務の To-Be デザインとデジタルツールへの要求仕様を議論します。

III.**インテグレーションパートナー選定フェーズ** では、基本設計フェーズでの議論をもとに、RFP（システム要求仕様書）を作成し、今後実装していくパートナーとツール選定を行います。

IV.**実装段階**は、提案内容に基づきシステムの導入と運用定着化までをゴールとしてプロジェクトを推進します。

　様々なプロジェクトに共通していえることかもしれませんが、最も重要なフェーズは「企画フェーズ」です。自社が実現したいことは何か？　という点をしっかりと議論・共有し進めていくことができれば、もし仮に後のフェーズで課題が生じて計画の見直しを迫ら

れたとしても、軌道修正が容易になるはずです。

(2) 企画フェーズのポイント

　企画フェーズは、大きく７つのステップで推進します（**図表6-15**）。プロジェクトの前半で、経営層へのインタビューをはじめ、イメージセルを用いてスマートファクトリーで実現すべき大きなテーマと課題仮説を抽出します。

・実態に立脚して議論を進める〜 Fact Finding

　私たちが特に重要視するのは、Step3 の現状分析です。"Fact Finding" というワードは、JMAC の社員全員が入社した時から繰り返し先輩コンサルタントから叩き込まれる概念であり、最も重要視するプロセスです。経営課題を俯瞰して捉えつつ、現場の実態でそれを裏付けながら、打ち手につなげていきます。

　たとえば「設備の生産性が低い」といった課題認識は、インタビューなどから確認することができます。この課題に対して改善施策を打つためには、設備の特定、傾向の把握（ある製品、ある時期、ある作業者など）、原因の特定（準備の遅れ、不良の発生、設備のトラブルなど）をする必要があります。また、こうした要因と紐付けて、定量的にその影響度を把握することが非常に重要です。課題の重点化と定量的な問題構造の把握は、先のステップで具体的施策の費用対効果を算定するための重要な根拠となるからです。

・はじめは制約条件を取り払い議論する

　つぎの Step4 では、Step3 で重点化されたテーマに対し、「３つのエクセレント追求」の視点で、改革方向性と具体策を検討していきます。はじめは制約条件を取り払い、実現が難しい夢のような次元で議論を進めることも大事です。現在の技術や製品では実現でき

ないかもしれませんが、数年後には可能にするツールが出てくるか
もしれません。この点が、ツール起点で物ごとを考えた場合と大き
く異なる点であるとお気づきいただければと思います。急速に進化
し続けるデジタル化の潮流において、**夢の議論は決して絵空事では
ない**と考えるべきでしょう。

・効果を意識して

　企画フェーズ全体を通して、期待する成果感を常に念頭に置きな
がら進めることが大切です。初期段階では定量的な算出は難しいか
もしれませんが、少なくとも**どこに効果が期待できるか**といった議
論は、必ず腹落ちさせながら進めていきましょう。DX関連のプロ
ジェクトでは、しばしば「見える化」と言うワードが出てきますが、
見える化して何が良くなるのか？　といった議論がされずに進めら
れることもよくあるケースです。

図表6-15　企画フェーズ推進のポイント

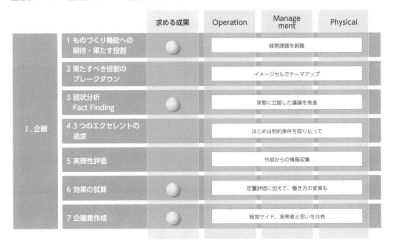

		求める成果	Operation	Manage ment	Physical
I. 企画	1 ものづくり機能への期待・果たす役割	●	経営課題を俯瞰		
	2 果たすべき役割のブレークダウン		イメージセルでテーマアップ		
	3 現状分析 Fact Finding	●	実態に立脚した議論を推進		
	4 3つのエクセレントの追求		はじめは制約条件を取り払って		
	5 実現性評価		外部からの情報収集		
	6 効果の試算	●	定量評価に加えて、働き方の変革も		
	7 企画書作成	●	経営サイド、実務者と思いを共有		

企画フェーズにおける、各ステップでの主な検討項目を以下に簡単に整理します。

①ものづくり機能への期待・果たす役割を描く

（a）経営層、キーパーソンへのインタビュー

（b）中長期経営計画など経営課題の俯瞰

（c）新工場で実現したい経営課題、ものづくり機能への期待整理

　　　果たすべき役割は工場の中だけで考えていては、答えは見つかりません。
　　　第4章で記載した4つのチェーンから考えることが出発点となります。

②果たすべき役割のブレークダウン

（a）開発設計から出荷までのプロセスの重点強化ポイントの抽出

（b）「スマートファクトリー イメージセル」の活用

（c）自社のめざすべきスマートファクトリーコンセプトの検討

（d）メンバーそして経営層との合意形成

③現状分析 Fact Finding

（a）現状のものづくり機能の実態把握

（b）定量的評価の実施

　　i 「Quality（品質）」「Cost（費用）」「Delivery（在庫、LT）」「Ecology（環境）」「Safety（安全）」に関連する重点管理指標（KPI、Key Performance Indicator）の推移

　　ii その結果をもたらしている生産システムの実態の明確化

（c）KPI との因果関係を構造化する「ロスの構造化」

　　i ＜フィジカルレベル評価＞

　　　対象：設備、人、原材料

　　　視点：個々のリソースの能力／工程系列の考え方と発揮能力

　　　　　　能力の活用度合（操業度など）／自動化レベル

内在している課題など

　ii　＜オペレーションレベル評価＞

　　　対象：主に重点化されたコンセプトと関連するプロセス

　　　　　　設計・受注・生産計画・調達購買・製造・物流

　　　　　　設備保全メンテナンスなど

　　　手法：IE を始めとする様々な分析手法・資料分析・実態観測、

　　　　　　関連する実務者とのディスカッションなど

　　　視点：ロス構造、改革余地

　iii　＜マネジメントレベル評価＞

　　　対象：原価管理、納期管理、在庫管理、品質管理、設備管理

　　　　　　エネルギー管理、安全管理、現場能率管理など

　　　視点：KPI の推移、維持向上させていくための管理実態

　　　　　　KPI の妥当性、KPI を構成するデータの取得、蓄積、活用

　　　　　　状況、マネジメントサイクル、見える化の状態

④ 3つのエクセレントの追求

（a）コンセプトと実態の GAP 認識

（b）3 つのエクセレントの追求

　i　デジタル技術の適用可能性

　ii　デジタルツール活用による革新的なプロセスの追求

　iii　KPI の再定義

　iv　自動データ取得による超高速 PDCA の実現

　v　自動化自律化を支援するロボティクスの適用など

⑤ 実現性の評価

（a）システムインテグレーター各社、ツールベンダー各社への情報
　　提供依頼

（b）RFI（Request For Information）作成

確認事項

　i　実現できる技術やツールの有無

　ii　テクノロジーの現時点での限界

　iii　大まかな費用

　iv　導入条件（期間や操業への影響）など

⑥ **効果の試算**

(a) 収益性へのインパクト

　i　めざす姿での期待効果の定量化

　ii　KPIへのインパクト

　iii　収益性

(b) 働き方改革

　i　従業員の働き方、役割、意識の変革への期待

　ii　風土の変化への期待

働く人を中心に考え、そのレベルアップにどのようにつなげられるかを議論します。

⑦ **企画書作成**

(a) 検討したコンセプト

(b) 現状認識

(c) 3つのエクセレントの方向性

(d) 実現性

(e) 定量的定性的効果

(f) 費用対効果

(g) ロードマップ

　・実施テーマ、実行タスク、体制、スケジュールが含まれます。

　・経営への答申

（3） 基本設計フェーズのポイント

　基本設計フェーズのアウトプットは、次の段階であるベンダー選定フェーズのインプットとなりますが、それ以上に全体の参画意識を高め、生きた仕組みを実装するために必要な時間であると捉えてプロジェクトを推進することが重要です。

・業務の具体化

　このフェーズでは、企画フェーズで策定したコンセプトの具体化のため、対象プロセスの TO-BE 業務設計を行います。

　たとえば「生産管理業務プロセス革新により短サイクルで同期化された生産システムの実現」をテーマとしたとすると、この一連のプロセスはだれがどのような形で携わっているのか、短サイクル化しようとしたときに、現状のどの業務を変革していかなければならないのか、成り行きで増加してしまう手間（この例では計画の頻度が増えること）をデジタルソリューションの活用によってどう補完できそうなのかを一つひとつ整理していきます。

・当事者意識の醸成

　このフェーズでもう１つ重要なことは、対象プロセスの実際の担当者（新しいシステムのユーザー）の参画を広く促し、企画フェーズで検討したコンセプトの趣旨を理解してもらうと同時に、実現の姿を一緒に侃々諤々と議論し、当事者としてそのデザインに加わってもらうこと。実装段階での大幅な変更を発生させない、また本当に使える仕組みを実装するためのポイントであるという点です。

（4） インテグレーションパートナー選定

　基本設計フェーズでの検討内容をシステムインテグレーターのパートナー候補に伝え、より自社の思いに即したシステム提案を引

き出すこと、その内容を多面的に評価し最適なパートナー選定を行うことが、このフェーズの目的です。

・要求仕様書（RFP、Request For Proposal）作成と提示のポイント

「背景」「業務要件」「システム要件」「入札要件」について、できるだけ明瞭に伝えます。なお、RFP の詳細については本書では割愛しますが、基本的な項目については**図表 6-16** 中「RFP 作成」欄に箇条書きで示しています。

・評価プロセスのポイント

事前に評価項目を整理し、評価者の目線合わせをしておくことをお勧めします。提案内容そのものの内容、アフターサポート体制、プロジェクト責任者となる方の実績、面談での印象などは考慮すべき点であると考えます。

(5) 実装

これまでの３つのフェーズを経て策定された、自社にとって最適なシステムについて、実現可能性や効果についての概念実証（POC、Proof Of Concept）を行い、検証・測定するのがこのフェーズです。そして実装へと移っていきますが、安定稼働に至るまではきめ細かな管理が必要です。

最後に、「TAKUETSU PLANT 構築プロジェクト推進手順一覧」を掲載します（**図表 6-16**）。

図表 6-16　TAKUETSU PLANT 構築プロジェクト推進手順一覧

Phase	Step	求める成果	検討項目：スマートファクトリーイメージセルを活用した 3つのエクセレント追求		
I 企画	1 ものづくり機能への 期待・果たす役割	新工場で 実現したい 経営課題	5つのチェーンでものづくり機能が今後果たすべき役割をイメージ デマンドチェーン / サプライチェーン / エンジニアリングチェーン / サービスチェーン / マニュファクチャリングチェーン		
	2 果たすべき役割の ブレークダウン		スマートファクトリーイメージセルによる プロセス強化のポイント抽出		
	3 現状分析 Fact Finding	KPI の評価（現状） P 事業収益 Q 品質 C コスト D 在庫 LT E 環境 S 安全	Operation Level 設計 / 受注 / 生産計画 / 調達購買 / 製造 / 保全 / 物流プロセス	Management Level データの取得 / データの活用 / マネ ジメントサイクル / 見える化状況	Physical Level 個々の設備 / 生産 SYS 全体の能力 能力活用度 / 実績性 能 / 自動化レベル等
	4 3つのエクセレント の追求		Operational Excellence 施策設定 デジタルツール活 用による革新プロ セス追求	Management Excellence 施策設定 KPI 再定義 / デー タ蓄積・活用によ る高速 PDCA 追求	Physical Excellence 施策設定 自動化 自律化検討
	5 実現性評価		RFI によるデジタル技術情報収集、適用評価 技術的実現性、費用面、導入条件（期間や操業への影響） → 実現レベルの設定		
	6 効果の試算	KPI 評価 （期待効果）	定量的評価、定性的評価（働き方 / 風土 / エンゲージメント‥）		
	7 企画書作成	期待効果の明示	費用対効果 / ロードマップ（テーマ , タスク , 体制 , スケジュール）		
II 基本 設計	主要オペレーション の詳細設計		現状詳細分析	現状詳細分析	現状詳細分析
			詳細 ToBe Ope 設計	詳細 ToBe Mgt 設計	詳細 ToBe Phy 設計
		KPI 再評価 （効果試算）	システム仕様検討	システム仕様検討	システム仕様検討
III インテグ レーショ ンパート ナー選定	RFP 作成	期待効果の明示	（業務要件）対象業務 / 業務課題と解決方向 / めざす姿		
			（システム要件）情報システムの範囲 / 基本機能 / 機能詳細 / 情報システム要件 / 画面要件 / データ要件 / 性能要件 / 信頼性要件 / 機密性 / 拡張性 / 運用保守性 / 情報セキュリティ要 件 / 情報システム稼働環境 / テスト要件定義 / 運用教育 / 保守要件定義作業の体制及び方法		
	評価・選定	期待効果の明示	（入札要件）入札プロセス /Pjt タイムライン / 提案の様式　他		
IV実装		効果測定	システム詳細設計　→　POC　→　実装　→　初期流動管理		

第7章

スマートファクトリー構築の事例

TAKUETSU PLANT 導入・構築事例

　ここからは、「TAKUETSU PLANT」を導入・構築した企業として3社の事例を紹介します。

事例1　新工場のスマート化をめざす製薬メーカーＩ社

　Ｉ社ではグローバル市場を中心として需要が拡大し、中期経営計画でも右肩上がりの計画を見込んでいました。大幅な増産計画に伴って工場の生産キャパシティ不足が想定され、新たな工場の建設を検討することとなったのです。

●新工場でねらう生産システム革新

　新工場建設は、多くの製造業にとって数十年に一度のビッグイベントです。既存工場での改善活動が、敷地面積やレイアウト、生産設備やユーティリティの配置といった様々な制約条件のもとで実施される一方、新工場ではこれらの制約条件に縛られることなくゼロベースでものづくりのあり方を見直すことができます。単なる老朽化更新や既存システムの移設にとどまらず、自社にとってベストなものづくりを追及できる絶好のチャンスといえます。

　Ｉ社でも、「従来のやり方を踏襲したコピー工場ではいけない」「現状のものづくりの問題を一挙に解決したい」「ものづくりの基本であるQCDを圧倒的なレベルに引き上げたい」といった思いが込められました。キャパシティ不足への対応は新工場建設のきっかけに過ぎず、真のねらいは生産システム全体の革新です。

　また将来的に、新工場で培った仕組みやノウハウを他拠点にも展開することを想定し、新工場を全社のパイロットモデルとして位置づけました。

●成功のカギは企画構想にあり

　新工場建設は5つのフェーズに分けて推進されます（図表
7-1）。

1. 新工場企画構想：経営課題を解決するための、新工場のありたい姿（改革コンセプト）を描く

2. 基本設計：改革コンセプトの実現方法を具体化し、生産システム全体像を設計する

3. 詳細設計：基本設計案を詳細化し、ものづくりの業務プロセスに落とし込む

4. 工事管理：工事予算および工事日程に沿って工事を推進させる

5. 立上・稼働：新工場の試運転や運用ルール説明など、工場立ち上げ時の混乱を回避する

　このうちJMACでは、フェーズ1の「新工場企画構想」とフェーズ2の「基本設計」を支援の対象としました。特に重要となるのがフェーズ1「新工場企画構想」です。ゼロベースで将来の生産システムやDXを考えられる新工場建設においては、企画構想段階で明確な改革コンセプトを提示することが、プロジェクトの推進に重要な指針を与えることになります。

図表 7-1　新工場建設の 5 つのフェーズ

●部門横断型プロジェクトの必要性 ①事業プロセス全体の俯瞰

　推進体制としては、生産サプライチェーン統括取締役を筆頭として、生産企画部門、製造部門、生産管理部門、生産技術部門、人事部門、品質保証品質管理部門、情報システム部門、マーケティング部門といった関連部門からプロジェクトメンバーが選定され、総勢40 名を超えるビッグプロジェクトが立ち上がりました。プロジェクトの推進をけん引するタスクフォースが編成され、週次単位で綿密なタスク管理・進捗共有をしながらプロジェクトを推進していきました。

　第 4 章でも述べたように、ものづくりのあるべき姿を検討するには、マニュファクチャリングチェーンに加え、デマンドチェーン・サプライチェーン・エンジニアリングチェーン・サービスチェーンといったものづくりを取り巻く周辺チェーンまで視座を高めた検討が必要です。

　部門横断型プロジェクトや大規模プロジェクトの統制は容易ではありませんが、将来のものづくりのあるべき姿を考え抜く、確実に成果を創出するには、関連部署のキーマンを集結させる必要があります。

●部門横断型プロジェクトの必要性 ②自分ごととして進めるDX

I社では、従来から設備の稼働監視や自動化といったデジタル活用に向けた様々な取り組みが行われてきました。ただ、ある一部の職場の部分的な活用にとどまっていたり、従来のアナログな方法を変えることに抵抗があったりと、十分活用できているとは言いがたく、せっかく導入したデジタルツールが現場で使われていない状況も見られました。

理由としては、①システム設計者とユーザーの間で目的・思想が共有されないまま導入が進んだ、②導入効果を十分検証・納得されないまま導入が進んだ、③導入後の運用が現場任せになっていた——など、様々挙げられます。新工場のねらいである「圧倒的QCD の実現」には、デジタルツールの活用が欠かせないことは社内の共通認識であり、本プロジェクトでもDX が重要キーワードと位置付けられました。ただし、活用されないデジタルでは、当然成果を生み出すことはできません。過去の失敗を繰り返さないためにも、新工場では、組織全体として成果を出すまで徹底的にやり抜くというコミットメントが求められます。誰もが自分ごととして変革を推進するためにも、I社では 40 名のキーパーソンを集結させる必要があったのです。

フェーズ1　新工場企画構想

フェーズ 1 では、第 6 章で紹介した TAKUETSU-PLANT のフレームワークに則り、Operation、Physical、Management のそれぞれの側面から変革を考えるチームを編成しました（**図表7-2**）。TAKUETSU-Operation 検討チームは、イメージセルを用いて、業務のあるべき姿を企画しつつ生産プロセスの全体像をデザインすることが主たるミッションです。TAKUETSU-Physical 検討チームは、

将来の市場要求に応える高効率な工程設計・作業設計を検討することがミッションであり、自動化やロボティクスの検討を行います。TAKUETSU-Management 検討チームは、将来の工場マネジメントのあり方を企画する検討チームであり、生産システムの現状や問題点を随時モニタリングしながら高速かつ高度な PDCA サイクルの構築をねらうものです。

図表 7-2　フェーズ 1 「新工場企画構想」の推進ステップ

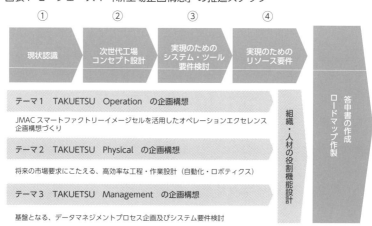

　図表 7-2 で記載したステップのうち、①現状認識、②次世代工場コンセプト設計、③実現のためのシステム・ツール要件検討について、以下に検討事例を紹介します。

①現状認識

　各チームともに、まずは正しく現状を認識することからスタートしました。スマートファクトリー構築プロジェクトに限ったことではありませんが、これは将来のあるべき姿を描くうえで欠かせないステップです。「これが問題だ」と言う人もいれば、「いや、こっちの方が問題だ」と言う人もいます。議論のスタートに立つためには、

各人の問題意識を集約し、現時点の立ち位置を把握することが必要
です。

　正しい現状認識のためには、問題の徹底的な定量化・構造化を行
い、今の状態を客観視できるようにすることが欠かせません。製造
原価情報や品質関連情報、在庫やリードタイム情報など、過去のデー
タを用いて QCD レベルの可視化を行い、現状の自社の水準をメン
バー全員が数値で認識できるようにしました。時には製造現場の実
地調査を行い、現状の作業方法や業務の進め方に関するロスを洗い
出しました。データ分析・現場分析を通して、共通理解を醸成する
とともに、中期経営計画や事業計画を改めて読み込み、現状とめざ
す水準とのギャップを推し量りました。

　現状を認識し課題設定するプロセスにおいて重視したのは、経営
層と推進メンバーとの「対話」です。部門間・職位間の思いを理解
し合うとともに、認識のズレ・考え方の違いを一つひとつ紐解いて
いくことで、皆が納得する青写真を描きました。

②-1　次世代工場コンセプト設計

　図表7-3 は、あるプロジェクトメンバーが検討会で整理したも
のです。自社を取り巻く環境変化を記載するとともに、現状分析や
中期経営計画とのギャップ分析の中で明るみに出た問題点を記載し
ています。これを踏まえ、自社のものづくりのめざす姿を記載しま
した。自社のものづくりのめざす姿を検討するには、デマンドチェー
ン・サプライチェーン・エンジニアリングチェーン・サービスチェー
ンといったものづくりの周辺機能まで視座を高め、マニュファク
チャリングチェーンのあるべき姿を考えます。このような検討を繰
り返し行い、次世代スマートファクトリーのコンセプトを具体化し
ていきました。スマートファクトリーのコンセプトを考える際は、
常にイメージセルを横にらみに検討を進めていきました。

図表 7-3　5 つのチェーンで描くものづくりのありたい姿（I 社）

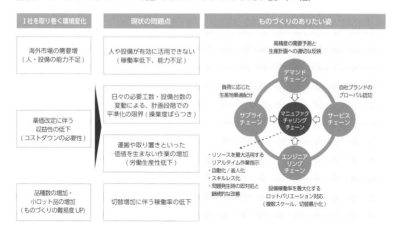

②-2　次世代工場コンセプト設計 ―イメージセルを用いた検討事例―

　あるとき、検討会の中でものづくりの「柔軟な変化対応力」について話題に上がったことがありました。図表 7-4 は、この課題に対してイメージセルを用いたコンセプト検討を行った例です。

　I 社では、受注量や受注する製品構成の変動に伴う、日々の負荷のばらつきに翻弄されていました。負荷の変動に対応しきれず、製造現場を見ると、ある時は残業や休日出勤で何とか出荷に間に合わせる、またある時は生産するものがなくて人が余るという状況が生じていました。将来を考えると、製品の品種数は今後さらなる増加が見込まれ、またグローバル市場は右肩上がりの計画であり、負荷変動はますます拡大することが想定されます。これに対応することが、次世代スマートファクトリーの重点課題の 1 つでした。

　イメージセルを活用したブレークスルーの方向性の 1 つ目は、工場のリソースを最大活用するための「付加価値比率を高める仕組み」です。現場に目を向けると、生産準備や書類作成といった直接的に付加価値を生まない業務に人員が割かれる状況でした。限りあ

る人員を有効に活用しなければ負荷変動に柔軟に対応することはできません。なるべく人手をかけずに生産できる体制づくりが必要です。エンジニアリングチェーンの視点では、運搬作業や資材投入作業に焦点をあて、これらを解消する工程設計や自動化設備導入が検討テーマとして挙げました。また、新人とベテランのスキル差も問題視されました。今後、新工場での増員も計画されており、新人の早期戦力化は喫緊の課題となっていました。

2つ目は、安定した生産を行うための「**負荷変動を抑える仕組み**」です。おもにサプライチェーン側の課題となりますが、従来は出荷予定や前工程の予定情報から各工程の計画担当者が自工程のつくりやすい順序を検討するプロセスになっており、個別最適の域を出ない計画となっていました。そこで、初工程から最終工程までが一気通貫となる生産計画を策定する仕組みを構築し、工程全体の日々の負荷を平準化させることをねらいとした生産計画の仕組みが検討テーマとなりました。併せて、受入検査・工程検査・完成検査といった品質管理部門の検査計画と生産計画を連動させることで、工場全体での負荷平準化を検討し、安定的な生産体制づくりを検討することになりました。安定的な生産を行うという視点では、サプライチェーン視点での検討と合わせて、生産ラインの汎用化や生産状況に応じたタイムリーな作業指示といった、エンジニアリングチェーン・マニュファクチャリングチェーン視点でのアプローチも検討されました。

3つ目は、工場の枠を超え、需給をバランス化させるための「**精度の高い需要予測の仕組み**」です。デマンドチェーン側でいかにして需要予測の精度を高めるかを検討するとともに、サプライチェーン側でも計画プロセスや在庫の持ち方に関する適正化が検討されました。併せて、マニュファクチャリングチェーン側でも、リードタイムの短縮をはじめ、出荷タイミングになるべく引きつけたものづ

くりができる対応を検討することで、全社一体となって「変化対応」に向き合いました。

このような検討をいくつかの重点改革テーマについて実施し、最終的なスマートファクトリーコンセプトを立案していきました。このように、イメージセルを媒介に検討を行うことでコンセプト立案が効率的に推進できるとともに、ものづくりを取り巻く周辺チェーンまで視座を高めて検討を行うことで、取り組むべき課題がより鮮明に描けるようになります。

図表7-4　I社におけるスマートファクトリーコンセプト案

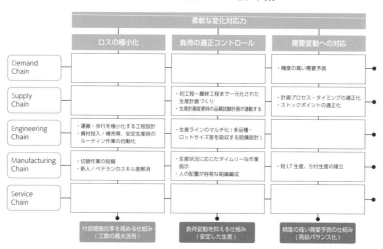

③-1　システム・ツール要件検討 ―改革イメージの具体化―

スマートファクトリーコンセプトを検討した後は、これを具現化するデジタルツールの検討です。「付加価値比率を高める仕組み」の中で課題として挙げた、新人とベテランのスキル差を事例に紹介します。

I社では、キャパシティ不足に対応するため、新工場では製造従事者の増員が計画されており、先述のとおり新人の早期戦力化は喫

緊の課題となっていました。従来新人の育成は４カ月ほどかけて実施していましたが、新工場で多くの人員を採用した場合、一人ひとりに多くの時間を費やして一人前に育てているほどの余力はありません。そこで、教育期間と教育工数を従来の半分まで削減して、２カ月まで短縮できないかという検討がなされました。新人をいかに早期に戦力化するかについて、「採用後（職場配属前）」「教育訓練中（作業実施前）」「教育終了後（作業実施中）」という３つの段階に分けてツールの企画を行いました（**図表 7-5**）。

図表 7-5　I 社における新人教育改革案

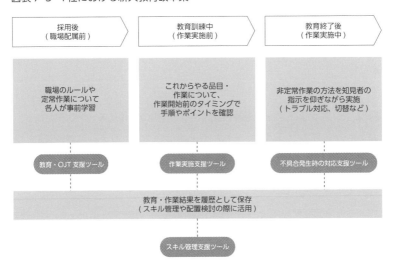

採用後の職場配属前は、職場のルールや定常作業について作業手順書やマニュアルの読み合わせを行い、各人が事前に学習していました。まずはここに着目し、教育の手間を省けないかが検討されました。

つぎに教育訓練中の教育にも着目。これから実施する作業・これから受ける教育訓練について、数ある手順書やマニュアルの中から

該当する作業を見つけるのは困難な状況でした。また、現場ですぐ
に確認できる手段もありませんでした。そのため、作業実施前に手
軽に確認できるツールが期待されました。

　さらに、教育終了後の支援についても議論がなされました。イン
タビューの結果、多くの従業員が一人工として現場に配置された後
に不安を抱いた経験があることがわかりました。頻度の多くない非
定常作業やトラブルなどのイレギュラー対応について、サポートを
受けたいという現場ニーズがありました。また、現場を管理するマ
ネジャーの話を聞くと、教育の実施状況や習熟度、作業経験の履歴
を管理し、各人のスキル管理を行うのに多くの手間がかかっている
こともわかりました。誰がどの程度のスキルを保有しているかを把
握し、日々の職場配置を行うマネジャーにとって、これは重要な問
題です。

③-2　システム・ツール要件検討 ―デジタルツールイメージの具体化―

　以上のようなことを解決するために、デジタルツールの適用を検
討しました（**図表 7-6**）。導入すべきデジタルツールのイメージアッ
プを図るために、つぎの３つのことを整理します。

①インプット……　どのような情報を入力して
②プロセス………　インプットされた情報からどのような処理を行い
③アウトプット…　どのような情報を出力すればよいか

このような整理を行い、**図表 7-6** のように、デジタルツールに求
める要件を RFI（情報提供依頼書）として整理します。

図表 7-6　I社におけるデジタルツール適用例

	教育・OJT支援ツール	作業実施支援ツール	不具合発生時の対応支援ツール	スキル管理ツール
	作業内容を映像で事前学習	作業手順やポイントの表示	遠隔でのオペレーション指示	教育・作業実施履歴の保存
インプット	・製造品目 ・担当工程 ・担当作業	・製造品目 ・担当工程 ・担当作業	・不具合発生現場の映像（現場オペレーターの目線）	・左記3ツールの活用履歴
プロセス	・該当する教育マニュアルを検索して （多言語翻訳が必要な場合は翻訳して）	・該当する手順書類を検索して （多言語翻訳が必要な場合は翻訳して）	・現場オペレーターと遠隔地で映像を共有し、 （多言語翻訳が必要な場合は翻訳して）	・履歴を保存して
アウトプット	・教育マニュアルを表示（映像で学べる）	・これから実施する作業の手順やポイントが表示	・対処方法について会話する	・個人別の教育・作業実施履歴を表示

I社では、システムインテグレータ（SIer）各社に広くツールの情報提供を募り、最新の技術動向を入手しました。そして最終的には**図表 7-7** のような重点改革テーマが設定され、デジタルツールの企画がされました。

図表 7-7　I社における重点改革テーマとデジタルツールイメージ

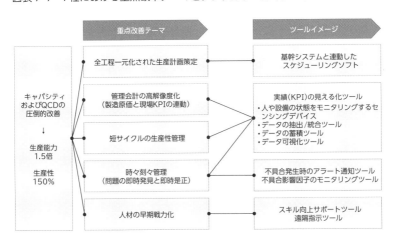

201

フェーズ1では前述のように、現状認識・コンセプト設計・ツールイメージアップという順を追って検討を行いました。

フェーズ2　基本設計

　フェーズ2におけるおもな論点は以下のとおりです。

①コンセプトを実現する To-Be 業務プロセスを設計すること
② To-Be 業務プロセスを実現するためのデジタルツールを具現化すること
③デジタルツールの導入をサポートするシステムインテグレーターを選定するための RFP（Request for Proposal：提案依頼書）を作成すること

●原価管理のあり方変革

　例として、**図表7-7** で重点改革テーマの1つに挙げた「管理会計の高解像度化」について言及します。

　ものづくり企業において、原価の継続的な改善を行い、収益貢献を果たすことは重要な使命です。I社でも管理会計の解像度を高めることで、より能動的に原価改善にアプローチできる仕組みづくりをめざしました。日々の生産活動の良し悪しが、原価にどのように影響するかを多くの現場従業員が意識することで、改善活動の活性化をねらいます。

　具体的には、標準原価と実際原価を対比し原価差異を可視化すること、原価差異と製造現場の KPI を連動させ原価統制を行うことが主な方向性です（**図表 7-8**）。

図表 7-8　I 社がめざす原価管理のあり方

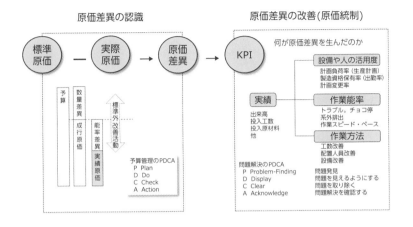

●現状の原価管理（As-Is）

　I 社では、月次で原価報告会を開催し、標準原価をベースに立てられた月次予算と実際原価を比較しています。原価差異の総額は把握できるものの、なぜ原価が悪化したのか、なぜ原価が良化したのか、要因が深掘りできず、戦略立案や製造現場への改善指示ができない状況でした。

　一方製造現場では、設備稼働率や不良率といった KPI を決め、製造ロット単位でデータ集計を行っています。しかし、KPI と原価のつながりが明確になっていないため、自分たちの改善成果を経営にうまくアピールできずにいました。日々の生産実績と製造原価の非連動が経営と製造現場のコミュニケーションギャップを生んでいたのです。

　そこで I 社では、「製品別・ロット別実際原価の管理」をめざす姿として設定しました。投入工数、設備稼働時間、エネルギー消費量、原材料投入量といったコストドライバーのうち、工場で管理可能な項目を中心とした製品直課の実績収集の仕組みを構築すること

にしました。

●めざす原価管理(To-Be)

　製品別・ロット別実際原価管理を実施することで、仕事のやり方がどのように変わるのか、変革後の業務プロセスをデザインします。フェーズ1で描いた企画構想を絵に描いた餅で終わらせないためにも、実務レベルまで落とし込んだ業務設計が重要です。

　具体的には、

・何を管理するのか……………KPI体系の再定義
・誰が管理するのか……………各KPIの責任区分や職位ごとの役
　　　　　　　　　　　　　　　割の再設定
・いつどこで管理するのか………マネジメントを行う会議体の種類
　　　　　　　　　　　　　　　や頻度の再設計

　この3点を明らかにしました。

1）何を管理するのか（KPI体系の再定義）

　I社では製造原価と現場KPIが連動していない点を問題視しました。日々の製造現場で発生しているロスが製造原価のどの費目にどの程度影響を与えるのか、その関係性を紐解きながら管理すべきKPIの項目を再整理しました。**図表7-9**は原価差異を起点としてI社で展開したKPI体系の一部を掲載しています。

図表 7-9　KPI 体系の例

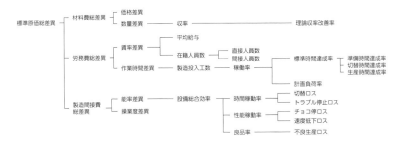

2）誰が管理するのか（各 KPI の責任区分や職位ごとの役割の再設定）

　管理すべき KPI を決めた後は、その KPI を管理する責任者を検討します。検討において重要なことは、第 6 章 3-（4）で記載した「人の役割と働き方の改革」に焦点をあてることです。単に既存組織の適任者を当てはめるのではなく、各組織がどのような機能を発揮すべきか、そのために各職位がどのような役割を発揮するのか、それによって工場のマネジメントをどのように変革するのか、これらのことについて議論を深める必要があります。Ｉ社では、各職位の現状の役割や業務内容を棚卸ししながら、その質的・量的変化を想定し、職務分掌の書き換えを行いました。

　図表 7-10 は職務分掌から抜粋した各職位の役割の一部を記載したものです。日々のルーティン業務である生産活動の比率を低下させ、改善や KPI 管理といった思考業務の比率を拡大させます。また、戦略立案の権限を下位の職位に委譲し、工場長がより長期視点でものづくり戦略を立案できるような変化を検討しました。

図表 7-10　業務変革イメージ

	生産 オペレーション	改善活動	職場管理 KPI管理	戦略立案
工場長			工場の 目標設定と KPI管理	経営戦略に 基づく ものづくり 戦略立案
マネジャー		部門改善目標 の設定 全体活動統制	部門の 目標設定と KPI管理	
リーダー	労務管理 作業分配 進捗管理	日常改善の 承認と統制 職場横断型 改善の企画	自工程 目標設定と KPI管理	
オペレーター	手順に沿った 生産実施 保全・ メンテナンス	日常改善の 提案と実施		
業務比率	削減 ⇩	増加 ⇧	増加 ⇧	増加 ⇧

将来に向けた
ものづくり戦略
立案業務へ
シフト

目標設定および
改善企画業務へ
シフト

ルーティン業務から
改善中心へシフト

⇧ それぞれの仕事の質をルーティンから改善へ

⇩ それぞれの役割を下位委譲

3）いつどこで管理するのか（マネジメントを行う会議体の種類や頻度の再設計）

KPI とその管理責任者を決定した後は、マネジメントの場の設計を検討します。各会議体の目的、参加メンバー、開催頻度、管理する KPI、検討・意思決定すべき内容などについて一つひとつ定義をします。

Ｉ社では日次の朝礼、週次の原価検討会議、月次の工場戦略会議の３つを工場運営の母体として設定し、**図表 7-9** で示した KPI をベースとしたマネジメントを実施することになりました。

●To-Be 業務プロセスを実現するデジタルツールの具現化

To-Be 業務プロセスを設計したつぎのステップは、これを具現化するデジタルツールの検討です。Ｉ社の場合、製品別・ロット別に実際原価を管理することとしましたが、これを人手で行うには限界がありました。ERP（Enterprise Resources Planning)や MES(Manufacturing Execution System）といったシステム上で収集されているデータもありましたが、手書きの日報や Excel に入力されているデータも多く存在します。これらのデータを集約して**図表 7-9** で示した KPI を製品別・ロット別に算出するのは、多くの手間と時間を要してしまいます。この問題を解消するためにデジタルツールの適用を考えました。

1）既存データの在りかとデータ取得方法の整理

デジタルツールの検討にあたって、まずは既存データの過不足について明らかにします。

KPI の算出式を分解し、

・KPI 算出に必要なデータが存在するか

・存在するのであれば、そのデータはどこにあるのか（基幹システム、部門フォルダ、個人管理など）
・そのデータはどのような形式で保管されているのか（ログデータ、Excel、手書きなど）
・どのような頻度でデータ収集されるのか（リアルタイム、ロット終了時、勤務終了時など）

　上記のことを整理しました。
　つぎに、今存在しないデータ（新たに取得が必要なデータ）について、その取得方法を検討します。I社の場合、**図表7-9**で示したKPIのうち、人の準備時間・切替時間・生産時間のデータが取得できていませんでした。ビデオカメラやビーコンセンサーを用いる方法など、様々な方式が検討された結果、スマートフォンを用いて作業の着手・完了を記録するデジタルツールを企画しました。

2）データ集計・可視化方法の整理

　KPIを製品別・ロット別に把握するためには、上記の人作業時間を計測するデジタルツールと併せて、各所に散在するデータを統合・集計するツールが必要です。I社では以下のようなデジタルツールを企画しました。

・各システムから必要となるデータを抽出・加工・書き出しするETL（Extract/Transform/Load）
・ETLから書き出されたデータを格納するDWH（Data Ware House）
・DWHに格納されたデータを活用し、ダッシュボードなど見える化を行うBI（Business Intelligence）

そして、これらデジタルツールに具備すべき機能を整理します。

ETL であれば、抽出するデータの種類やその在りか、変換するテーブルデータの形を整理し、DWH へ格納するタイミングを決めます。BI ツールであれば、各会議体で見たいダッシュボードイメージや製造原価と現場 KPI をドリルダウン・ドリルアップするダッシュボードイメージを整理します。このような整理を通してデジタルツールが満たすべき要件を抽出します。

●システムインテグレーター選定のためのRFP作成

フェーズ 2 のアウトプットは、ツールを実装するためのパートナーとなるシステムインテグレーターを選定するための準備として RFP（Request for Proposal：提案依頼書）の作成です。

I 社では、複数の候補企業からコンペ方式で選定されることになり、パートナーには、つぎのような能力が求められました（**図表 7-11**）。

・上流コンセプトを理解し、ツールの長短を把握した上で、適正に選定コーディネートする能力
・ベンダーを束ね、実装時の PMO として機能できる能力
・環境変化に対して柔軟に顧客要望に対応できる力量（先進的かつツールに対して中立的）

図表 7-11　システムインテグレーターに求められる要件

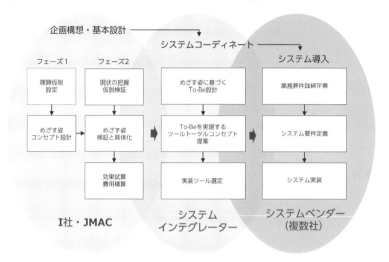

　上記のことを評価するためにも、RFP を作成して、候補企業からの提案を受けることを通して、力量を見極める必要があります。また、現状の業務やめざすべき業務の推進方法についても理解をしてもらい、変革後の姿について共感してもらわなければなりません。

　RFP には現状の業務をどのように変革するのか、変革実現のためのデジタルツールはどのような要件を具備すべきかについて、まさにフェーズ 2 で検討してきた内容を文章としてまとめます。

　I 社ではパートナー候補 3 社のコンペとなり、厳正な評価の結果、ある大手 SIer がパートナーとして選定されました。私たちのプロジェクト参画はここで終了となりましたが、I 社では現在、新工場の建設真っ只中であり、パートナー企業と綿密な協議を重ねながらデジタルツールの設計・開発段階に入っています。

個別受注生産が抱える積年の課題解決をめざす
産業機械メーカーJ社

　個別受注生産を行っている企業に伺うと、何度も納期が変更される、仕様がなかなか決まらない、受注の波が大きく負荷が安定しない、といった話をよく聞きます。生産管理に目を向けてみると、日々の計画の変更や調整の業務に忙殺されていることが大半で、度重なる計画変更によって納期や負荷が見えない、結果として日程計画は現場に丸投げせざるを得ない、という企業も少なくありません。現場はどうかというと、安心を得るために前倒しで生産を進めていたり、逆に納期が迫って尻に火が付くとパフォーマンスを上げて、人海戦術で納期ギリギリに納品したことが美談として語られることもあります。設計開発部門では、標準化が進まなかったり、実績収集がなかなか進まなかったり、原価が見えなかったり、といった問題を抱えているとよく聞きます。

　こうした結果、顧客に対して納期遅延を起こしてしまう、受注時には利益が出るはずなのに精算してみたら赤字になってしまう、という悩みを抱えている企業もあります。これらは今に始まったことではなく、個別受注生産を行っているものづくり企業が長年抱えてきた問題です（**図表7-12**）。

図表 7-12　個別受注生産のよくある問題

✓　度重なる納期遅延…
✓　受注時には利益が出るはずが、
　　最終的には儲かってない・・・

●リードタイム長期化の不幸なスパイラル

　J社は、ものづくりのリードタイム（LT）が、お客様が要求し
ていたものよりも長くなっているという問題を抱えていました。営
業部門は顧客要求にこたえるため、受注が未確定の状態で生産枠を
事前におさえなければなりません。未確定の状態で事前枠取りを行
えば、当然ながら受注確定後に納期変更が生じます。
　一方で製造部門は、営業部門が事前に枠取りした情報で日程計画
を立てるほかなく、納期変更が生じる度に生産計画の変更を余儀な
くされました。その結果、せっかく着手した製品が工程間で滞留し
たり、変更リスクに対応するために不要な残業や前倒し生産が発生
したりします。時には特急で外注活用が生じて外部流出コストが発

生するなど、生産性の低下が顕著でした。このような状況の中、製造現場の負荷計画は立てにくく、どうしても LT よりも目先の生産性効率を優先せざるを得ない状況になっていました。

　設計部門でも、なかなか仕様が決まらないがために、そのしわ寄せが製造期間にきます。そうすると、製造部門も余裕を持ったスケジュールを組むようになり、各部門がサバを読んだ LT 設定を行うようになります。営業・製造双方でサバを読んで LT 設定をするため、トータルの LT が長期化してしまう状況に陥ってしまう状況でした。

　このように、J 社が抱える構造的課題は、LT 長期化という形で表出化していました。(図表 7-13)。

図表 7-13　J 社が抱える構造的な問題点

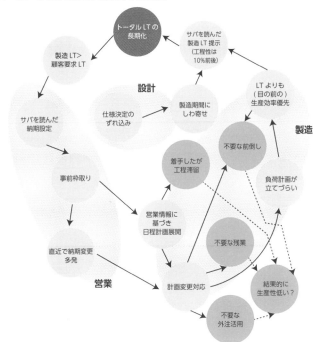

●リードタイム削減余地の算出

　そこで、J社のトータルのLTの中で、実際にものをつくっていた時間がどれくらいあったのか、ある部品のリードタイム構造を調査しました（**図表7-14**）。その結果、実際に加工作業を行っていた日数（賞味加工日数）は9日間であり、加工全体でかかった日数（加工LT、163日）のわずか6％だったことがわかったのです。

図表7-14　J社のある部品のリードタイム構造

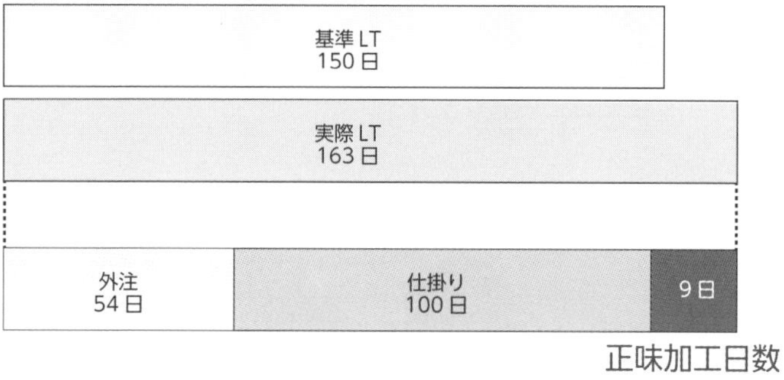

　このLTを短縮させるうえでの定石は、後工程（J社の場合は組立工程）が使う日に合わせてバックワードで計画を立てて同期させていくことです。J社においてこの定石手法で設備の負荷などを鑑みながら計画を立てた場合、本当は何日で納品できるのか、どれくらいLTを短縮できるのかシミュレーションをしてみました。結果、実に75％の短縮が可能ということが判明しました（**図表7-15**）。

図表 7-15　組立工程を基軸とした同期生産計画イメージ

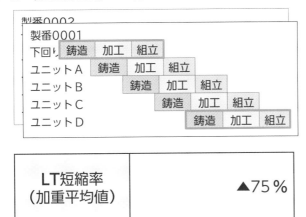

　この結果に私たちも非常に驚き、プロジェクトメンバーと何度も話し合い、シミュレーションを繰り返しましたが、結果は変わりませんでした。換言すると、生産計画の組み方次第ではLTが75％短縮できることが証明されたのであり、この数値を目標に改善活動に取り組むことになりました。

　では、なぜこのような大幅なLT短縮を見込むことができたのでしょうか。もちろん、J社の皆さんも、LT短縮の重要性は誰もが認識しています。しかし、現場においては「先行でものづくりに着手する」「工程間で仕掛品として滞留する」といったことが繰り返されていました。なぜこうしたことが繰り返されてしまうのか、なぜ回避できないのかが大きな課題であると認識しました。

　そのからくりを、私たちの目的地への移動になぞらえてみたいと思います。私たちが外出や出張をする時のことを考えてみてください。念のため家を早めに出る人が多いと思いますが、「先方に向かう途中で待ち合わせ時間が30分早まったので、早く到達できる交

通手段に変更した」「待ち合わせ時間が遅くなったので、時間つぶしに近くのカフェを利用した」といったケースもあるはずです。生産現場においても、これと同じことが起こっているのではないかと考えています（図表7-16）。

図表7-16　生産活動は目的地への移動行動と同じ

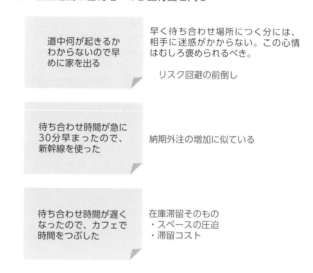

●ポイント① 将来の不確実性の排除

　実際に生産現場に目を向けてみると、「受注がばらつく」「仕様が定まらない」「納期が決まらない」といったように、将来が不確定な中で計画変更の対応に奔走しているという実態があります。この「将来の不確実性」、つまり不確定要素をどれだけ排除できるかが、大きなポイントの１つになると考えています。シミュレーションで出た結果は、過去の実績などの情報を組み合わせて出した、いわば "理想解" であり、将来の不確定要素を排除して「今後も絶対に変わらない」という前提に立てば、あの "75％短縮" が可能になるのです。しかし、現実はそうではなく、予定が日々変わっていく中で、

どうしてもリスク回避の思考が働いてしまい、安全を見て行動せざるを得なくなっている状況にあります。したがって、この不確定要素をどこまでコントロールできるかがLT短縮において非常に重要になります。

J社においては、納品の3カ月前に生産計画を確定させる運用を検討しました（生産計画ロック、**図表7-17**）。ロック後の3カ月間は生産計画を変更せず、不確定要素の排除をはかりました。生産計画の確定概念は決して新しいものではありませんが、実際の行動に移すには、営業と製造双方の理解と歩み寄り、ルール化していくことが重要です。生産計画が確定した後の運用においては、先行着手は禁止であることを徹底しなければなりません。

図表7-17　J社における生産計画プロセスのTo-be（3カ月前の計画確定）

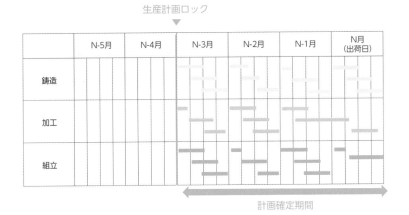

●ポイント② 標準時間の曖昧さの排除

J社においてLTの大幅短縮を見込めた理由としてもう1つ挙げられるのは、標準時間の曖昧さを排除したことです。先ほどのように私たちの目的地への移動になぞらえると、自動車よりも電車の方が、渋滞がなく発着時間が正確なので、目的地への到着時間が読み

やすいと考える人が大半だと思います。製造現場においても全く同じです。標準時間を守ることは製造現場においては大原則であり、個別受注企業も例外ではないと思います。ただし、個別受注企業においては、この標準時間そのものがおろそかになりやすい傾向にあります。前倒し生産によって、着手から完了までの標準時間管理が曖昧になってしまうこと、一方で、標準時間が曖昧になってしまうがゆえに前倒し生産を助長してしまう、という負のスパイラルに陥ってしまいます。

　このように「**不確定要素をいかに排除するか**」「**標準時間の曖昧さをどのように回避・排除していくか**」が、LT 短縮の重要なポイントといえます。

　TAKUETSU-PLANT のフレームワークに当てはめると、Operation では、「確定概念に基づくバックワード計画の作成」「高精度な標準時間による生産計画システムの構築」が重点課題となります。電車にたとえると「ダイヤを作って確定させる」ということでしょうか。

　Physical では、「類似の標準時間の製品をグループ化して整流化させる工程編成」や「シンプルな計画づくりを実現するための工程編成と組織編成の同期化」（電車でいうと「路線図」を作る）ことが必要であり、Management では、現場でゆらぎが生じた場合でもそれを吸収できるような生産統制（電車や車でいえば不測の事態に備えての迂回経路づくり）の構築が求められます（**図表 7-18**）。

図表7-18　J社がめざしたスマートファクトリー（TAKUETSU-PLANT）の概念図

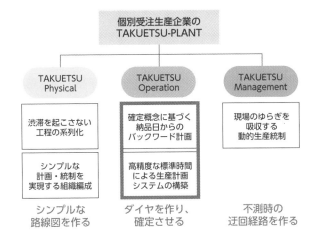

●生産管理の機能発揮に向けたデジタル活用

　J社の場合、生産管理部門がいかに機能を発揮するかが最大の課題でした。LTが最短となる生産計画を作りきること、そして作った計画に基づき、標準時間が曖昧にならないように、着手と完了をきちんと指示することが不可欠です。

　とはいえ、今まで現場任せにしていた着完コントロールを生産管理部門が一挙に担うことは容易ではありません。加工時間も加工経路も異なる品目が毎月数百数千点流れる職場において、各品目の着完を指示することは人手では限界があります。これにはデジタルの力を活用することが欠かせません。そこで、ERPやスケジューラーを用いて生産工程が一元化された計画づくりと作業指示を企画しました。併せてMESを用いて指示内容通りに作業できているかを実行管理（モニタリング）する仕組みも検討しました。

　この生産管理システムにおいて、J社で課題となったことは「毎回異なる製品仕様の標準時間をどのように設定するか」という点です。J社では過去の類似製品から標準時間を類推する検索エンジン

の開発に着手しています。過去の生産実績を標準時間テーブルとして蓄積するとともに、これから生産する製品の仕様・図面から過去の類似製品の実績時間を参照できるようにする仕組みを検討しています。仕様書に記載の仕様内容がE-BOM（Engineering BOM、BOM = Bill Of Materials、設計部品表）やM-BOM（（Manufacturing BOM、製造部品表）、BOP（Bill of Process、工程表）へと展開され、どの工程・どの製品だとどのくらい時間がかかるかを、標準時間のデータベースに照合しながら負荷計画や日程計画を作れる仕組みづくりをめざしています。PLM—ERP—スケジューラー—MES を統合することへのチャレンジです。ポイントになるのは、マスタや標準時間といった計画準備情報の更新・維持を、いかに手間をかけずに行えるかです。過去の生産実績の情報をうまくフィードバックして、計画準備情報を生成するような仕組みを構築できれば、非常に有効なツールになります。100点満点でなくても、"当たらずとも遠からず"な情報を生成できれば、非常に有効に働くと考えています。

　もう1つの課題は、現在の進捗状況に応じた柔軟な生産統制です。どれだけ精度の高い計画を立案したとしても、トラブルや欠員といった現場のゆらぎは生じるので、現在の状況から成り行きを予測し、早期に挽回策を打つ運用をめざしました。予定に対する進捗を捉えながら、人員の応受援で対応すべきか、生産順序を変更すべきか、流す工程経路を変えるべきか、内外作を変更すべきか、など最適な打ち手を検討できる状態をめざす姿に据えました。これも人手による検討には限界があり、離散系シミュレーションソフトの導入を検討しています。

　J社では、上記のような生産管理の仕組みを「ダイナミック・プロダクションコントロール」と名づけ、実現に向けた取り組みを開始しています。

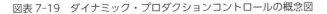

図表 7-19　ダイナミック・プロダクションコントロールの概念図

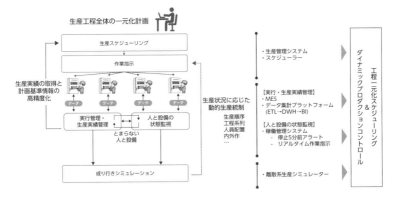

生産工程全体の一元化計画

生産スケジューリング

作業指示

生産実績の取得と
計画基準情報の
高精度化

データ　データ　データ　データ

実行管理・
生産実績管理

人と設備の
状態監視

とまらない
人と設備

生産状況に応じた
動的生産統制

生産順序
工程系列
人員配置
内外作
…

成り行きシミュレーション

・生産管理システム
・スケジューラー

【実行・生産実績管理】
・MES
・データ集計プラットフォーム
　(ETL→DWH→BI)

【人と設備の状態監視】
・稼働管理システム
　－　停止5分前アラート
　－　リアルタイム作業指示

・離散系生産シミュレーター

工程一元化スケジューリング
&
ダイナミックプロダクションコントロール

●イメージセルで考える個別受注生産のスマートファクトリー像

　J社の事例をもとに、個別受注生産におけるスマートファクトリー像を検討してみると、図表 7-20 のような8つの仕組みが必要と考えられます。

図表 7-20　ダイナミック・プロダクションコントロールの8つの仕組み

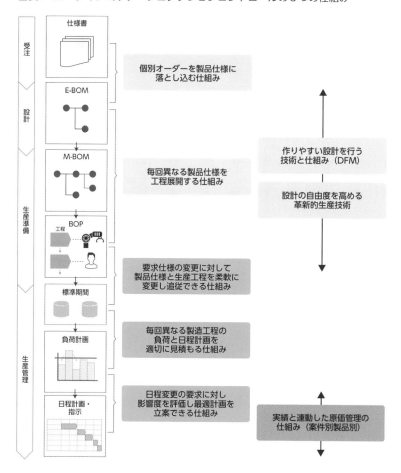

　生産管理（サプライチェーン）においては、度々変更になる仕様書に対応する「要求仕様の変更に対して製品仕様と生産工程を柔軟に変更し追従できる仕組み」、一品一葉のため「毎回異なる製造工程の負荷と日程計画を適切に見積もる仕組み」、どうしても起こる日程変更に対して「日程変更の要求に対し影響度を評価し最適計画を立案できる仕組み」といったものを、いかにデジタルツールを活

用して具備できるかが重要です。

設計面 (エンジニアリングチェーン) では、「個別オーダーを製品仕様に落とし込む仕組み」や「毎回異なる製品仕様を工程展開する仕組み」が重要になります。またその前段としては、DFM（Design For Manufacturing）などの「作りやすい設計を行うための技術と仕組み」、MFD（Manufacturing For Design）「設計の自由度を高める革新的生産技術」も求められてきます。

こうした仕組みが整ってくると、原価計算のあり方も変わってくるものと考えられ、案件別や製品別に「実績と連動した原価管理の仕組み」も視野に入ります。それによって標準と実績を対比させ、その結果を見ながら PDCA サイクルをまわすことができるようになり、より解像度の高い情報が見えてくるものと考えています。

なお、この 8 つの仕組みは、表現方法こそ異なっていますが、イメージセルから J 社をはじめとする個別受注生産企業向けに派生させたものです。ベースとなる考えは同じですが、参考までにイメージセルと 8 つの仕組みの関係性を記載します。

「要求仕様の変更に対して製品仕様と生産工程を柔軟に変更し追従できる仕組み」
→オリジナル：「設計データからシームレスにものづくりできる仕組み」

「毎回異なる製造工程の負荷と日程計画を適切に見積もる仕組み」
→オリジナル：「素早い価格・納期回答ができる仕組み」

「日程変更の要求に対し影響度を評価し最適計画を立案できる仕組み」
→オリジナル：「負荷変動を抑える仕組み」

「個別オーダーを製品仕様に落とし込む仕組み」
→オリジナル：「顧客の要求をもれなくくみ取る仕組み」

「毎回異なる製品仕様を工程展開する仕組み」

→オリジナル：「顧客オーダーからシームレスに工程展開できる仕
　　　　　　　　　　組み」

「作りやすい設計を行うための技術と仕組み」
「設計の自由度を高める革新的生産技術」
　　　→オリジナル：「作りやすさ・運びやすさを考慮した設計ができる
　　　　　　　　　　仕組み」

SXとDXの同時実現をめざす印刷メーカーK社

DX とともにビジネスにおけるトレンドキーワードとなっているのが、SX（サステナビリティ・トランスフォーメーション）です。「S」はサステナビリティ（持続可能性）、「X」は変化（トランスフォーメーション）の意味になります。

SX は、経済産業省の「サステナブルな企業価値創造に向けた対話の実質化検討会」が 2020 年 8 月に発行した「中間取りまとめ」で言及されていますが、その意味としては、不確実性が高まる環境下で企業が持続可能性を重視し、企業の稼ぐ力と ESG（環境・社会・ガバナンス）の両立を図り、経営のあり方や投資家との対話のあり方を変革するための戦略指針であるというものです。

印刷メーカー K 社でも従来の DX プロジェクトに加え、新たに SX プロジェクトを立ち上げました。

K 社の事例を紹介する前に、DX と SX の現況について考察してみます。

① DX と投資対効果の壁

第 2 章で紹介した「ものづくり DX 実態調査」によると、2017 から 18 年にかけて一気にデジタル化への取り組みが加速しています。この加速は 2019 年も継続するのですが、2020 年になると予想に反して取り組みが鈍化の傾向に転じます（**図表 7-21**）。

図表 7-21　2020 年度ものづくり DX 実態調査の概要

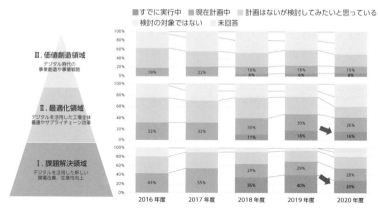

　同調査では、DX を推進する上でのボトルネックとなるものについても聞いているのですが、そこで一番多かったのは、「投資予算の不足」でした。2020 年以前は、投資予算の不足はボトルネック要因としては下位でしたが、2020 年になってトップにランクインするのです。

図表 7-22　DX 推進のボトルネック

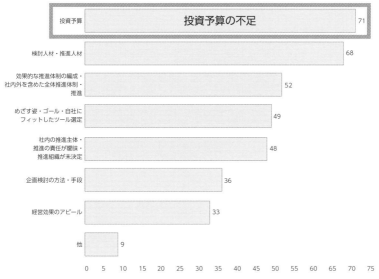

（出所：JMAC「第5回ものづくり DX 実態調査」）

　その背景には、やはりコロナ禍の影響による業績悪化が考えられ
ますが、同時に経営陣が DX の投資対効果に疑問を抱いているとい
う事情も絡んでいるようです。

　ものづくり現場で DX を進めるにあたって、投資対効果をどう説
明するのかについては非常に悩ましい問題です。好況時には DX の
潮流に乗ることを優先していたとしても、コロナ渦のような先行き
不透明な状況下では、多くの企業で、投資対効果について十分に説
明しきれないために DX が企画倒れになったり、PoC（実証実験）
止まりになっていたりしてしまうケースが後を絶ちません。DX を
論じる場合、経済価値の追求という観点から投資対効果の壁にぶつ
かってしまうのが現状です。

② SX 抜きには経営戦略が成り立たない

2020 年 7 月の政府の未来投資会議（第 42 回）の資料「ウィズ・コロナ、ポスト・コロナを見据えた企業戦略の見直し」における、企業戦略の今後の見直しの有無についてのアンケート調査によると、全体のうちの 71% の企業が企業戦略を「見直した・見直す予定」であると回答しています。そして見直しの内容については、68.7% の企業が「持続可能性を重視した経営への転換」であると回答しています。つまり、これから企業の約 7 割で経営戦略などにサステナビリティの要素が織り込まれることがほぼ確実視されるのです。

図表 7-23　ウィズ・コロナ、ポスト・コロナを見据えた企業戦略の見直し

企業戦略の見直しの有無

企業戦略を
見直す
予定はない
29.0%

企業戦略を見直した・
見直す予定
71.0%

うち、見直しの内容（上位 3 項目）

持続可能性を重視した
経営への転換　68.7%

「新たな日常」に対応した
新製品・サービスの開発　38.9%

事業ポートフォリオの見直し　21.4%

デジタルトランスフォーメーション
（DX）の推進　21.3%

サプライチェーンの
強靱化・多元化　16.4%

回答割合

0%　20%　40%　60%　80%

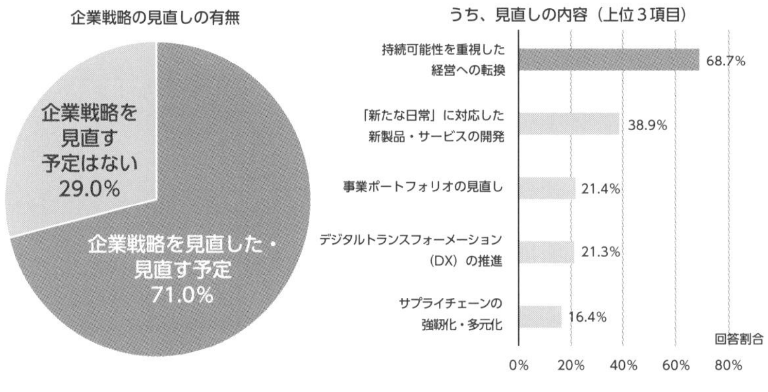

（出所：未来投資会議（第 42 回）基礎資料（2020 年 7 月））

③ SX にも投資対効果の壁

SX の取り組みについては、PwC Japan グループが著した『SX の時代』（日経 BP）にわかりやすく解説されています。詳細を知りたい方は同書をお読みいただければと思いますが、同書では、サステナビリティ経営の課題を 4 つの環境課題（CO_2・気候変動、水、資源・廃棄物、生物多様性）と 3 つの社会課題（身体的人権、精神的人権、社会的人権）に分けて記載されています。

これに当てはめて考えると、工場における SX の取り組みとして
は、どのようなものが考えられるのでしょうか。

身近なものとしては、省エネ機器や設備への置き換え、太陽光発電、
再生可能エネルギー由来の電力調達、ゼロエミッション、環境負荷
の少ない原材料の調達、廃棄物を回収して再利用する取り組みといっ
た「環境価値」という側面からの取り組みが挙げられます。「社会課題」
の側面では、たとえば重筋作業、危険作業をロボットに置き換える、
多様な国籍の人が働ける職場として、多言語によるマニュアルを使っ
てスキル差をカバーしていこうといった取り組みがあります。

図表 7-24　サステナビリティ視点での取り組み例

環境課題への取り組み	省エネ設備・機器への置換え	再生可能エネルギー発電設備の導入（太陽光・バイオマス等）	再生可能エネルギー由来の電力調達	設備・機器のスマート化による消費量監視とデマンドコントロール
	廃棄物・副産物の回収と再利用（ゼロエミッション）	環境負荷の少ない原材料への切り替え（グリーン調達）	ゴミ・廃棄物を原料とした新たな商品の開発	再利用やリサイクルが可能な製品設計
社会課題への取り組み	重筋作業・危険作業のロボット化	国籍差をカバーするスキル教育（多言語・映像）	障がい者採用・支援プログラム推進	仕事と育児・介護の両立支援
	社会貢献活動の推進	サプライチェーン全体の経済発展支援	消費者の安心安全（改ざん防止・トレーサビリティシステム等）	サイバーセキュリティ対策

これまでも CSR や社会貢献といった枠組みで取り組まれていた
ことですが、これらは経済価値とトレードオフの関係として捉えら
れることが多かったように感じます。太陽光パネルや省エネ仕様の
ユーティリティは設備投資に相当なコストがかかるものの、今の風
潮からして導入せざるを得ません。日本でも SDGs が浸透してきた
とはいえ、経済価値を度外視した社会価値・環境価値優先の取り組
みと位置付けられてきた企業も多くあります。海外や先進企業の事
例としてどこか遠くで行われているものと捉えている経営者がまだ

まだ多い印象です。このような状況では、いかに SX が時流といえども、社会価値・環境価値一辺倒では、いずれは DX 同様に投資対効果の壁にぶつかるものと考えられます。

④ DX と SX のクロスバリューをつかむ

　DX と SX を切り離して、それぞれ単独で進めていくとなると、いずれも投資対効果という壁にぶつかって挫折してしまうことになるはずです。

図表 7-25　DX と SX の別体推進

　そこで着目しているのは、経済価値、環境価値、社会価値の接合点をどう見つけていくかという命題です。この「接合点」を見出すことこそが、これから DX と SX を進めていくうえでの重要なポイントになります。

　具体的には、DX の価値を最大化するために SX の視点を加味する。また、SX を強力に推進するためにも DX コアコンテンツとして位置付ける、ということです。つまり、お互いを補完するクロスバリューをつかむという考え方が重要になります。

　経済価値・社会価値・環境価値を両立してこそ真の SX であると考えますし、この接合点こそ DX の最優先テーマとなるはずです。

図表 7-26　DX と SX のクロスバリュー

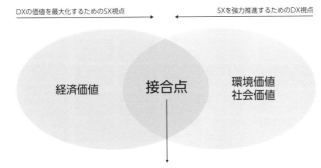

では、この接合点はどのようにして見つければいいのでしょうか。まず考えられるのは、本書で再三にわたって述べてきたとおり、「自分たちのものづくりのあるべき姿」に立脚した議論です。第4章で解説したように、サプライチェーン、サービスチェーン、デマンドチェーン、エンジニアリングチェーン、マニュファクチャリングチェーンという5つのチェーンから、自分たちのものづくりはどう変革していくべきかについて議論をスタートさせます。この検討を効率化する思考テンプレートとして、スマートファクトリーイメージセルを紹介しました。

イメージセルにはDX推進のための経営課題がちりばめられています。改めてイメージセルを眺めてみると、経済価値の側面だけではなく、社会価値と環境価値の側面からも、自社のものづくりのあるべき姿を描くことができることに気付きます。

もちろん経済価値を追求するためのセルもありますが、社会価値、環境価値を追求するセルもあります。そして、セルの多くはそれらを同時に実現できるものになっているのです。

図表 7-27　経済価値・社会価値・環境価値を同時実現するイメージセル

⑤ K 社が描く DX と SX のクロスバリュー

　それでは、ここからは印刷メーカー K 社の事例を見ていきましょう。K 社では、イメージセルを用いて SX と DX の接合点を見出す新たな工場コンセプトを立案しました。いくつか具体的な例を紹介します。

　印刷業界においては、オンデマンド印刷に代表されるように、製品バラエティの増加や小ロット対応が急務です。納品先である出版社からの在庫削減要求や即納要求もあり、製造現場は疲弊していました。K 社単体では顧客の要望に応えきれず、周辺の零細企業とのパートナーシップを強化しながら何とか対応してきた状況です。しかし近年、高齢化に伴うパートナー企業の廃業が相次ぎ、K 社の負担は増加の一途をたどり、耐えきれず退職する社員も出はじめていました。

　そこで K 社では、「個別要求・個別仕様に対応できる仕組み」「多様なバリエーションを効率的に作れる仕組み」「いつ、どこで、何

を作らせるか判断できる仕組み」「付加価値時間比率を高める仕組み」の4つのセルを組み合せて、ものづくりのめざすシナリオを描きました。

　経済価値の側面からはリードタイム短縮や需給バランス化を図ることでキャッシュフローを健全化させることがねらいですが、実需に合わせた生産ができれば、SXの側面からは業界全体で問題視されているブックロスの最小化をねらうことができます。また、疲弊した従業員の負担を軽減できれば、労務費を削減するだけでなく、従業員の働き方改革や満足度向上にもつながるはずです。

図表7-28　K社が描く改革シナリオ①

また、K社では、労働力不足への対応として、外国人労働者やパートタイマーの新規活用も視野に入れていました。そこで、「技術人材を早期に育成できる仕組み」「従業員の能力を最大発揮できる仕組み」「従業員のスキル差をカバーする仕組み」「個々のスキルを向上させる仕組み」の4つのセルの組み合わせを、もう1つのめざすシナリオと位置付けました。

　新人の早期戦力化や教育期間の短縮によって経済価値を創出するだけでなく、多様な就労機会を創出するダイバーシティ＆インクルージョンの実践企業として社外にアピールすることも視野に入れ

ています。

図表 7-29　K 社が描く改革シナリオ②

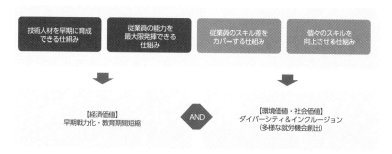

　このように、イメージセルをうまく活用して、経済価値、社会価
値、環境価値の三者を鼎立させる接合点を見いだし、具体的な施策
が打てるようになっていけば、DX も SX も、より高い位置から投
資への意味づけがなされ、投資対効果の壁を乗り越えられるのでは
ないでしょうか。

第8章

スマートファクトリー構築を
支えるデジタル人材

1 DX時代におけるデジタル人材の意義と重要性

(1) DX を支えるテクノロジーと第 4 次産業革命

　IoT、ビッグデータ、クラウド、5G、AI といったデジタル技術の進展を背景に、第 4 次産業革命が起きています。そのなかでは、様々なセンシングデバイスを始めとする IoT の進化により、大量の情報が収集可能となりました。それらの情報へはクラウド環境の発展によって場所や端末を選ばずにアクセスできるようになり、高速でつながる新しいワイヤレス企画の Wi-fi6 や 5G、あるいは CPU、GPU の進化による高速伝達と処理が可能となりました。こうして蓄積したデータを AI やシミュレーション技術といった高度な分析技術を使って解析し、スマホやタブレットなどエッジデバイスでタイムリーに直感的に提供できるようになった結果、様々な場面で生活を豊かにしてくれています。自動運転や遠隔医療の実現、そしてスマートファクトリーもその 1 つに数えられます。第 4 次産業革命の中心にあるのは「ビッグデータ」であり、今後のビジネスシーンにおいても、データ資産の活用がその成否を分けることは明らかです。質の良い、オリジナルなデータが会社の資産となり、その活用ができる企業が成功を享受できるわけです。

(2) データ活用の本質とデジタル人材の役割

　上述のビッグデータを取り巻く仕事の流れを要約すれば、データの「収集」「蓄積」「分析」「活用」の 4 つのステップからなるといえます。すなわち、こうした一連のデータ活用環境を整えるためには、つぎのような役割をもった人材が欠かせません。

①収集のためのセンサーなどを選定設置し、必要データを収集する仕組みを実装する役割

②収集したデータを適切な形式で蓄積・管理・運用する仕組みを実装する役割

③蓄積したデータを元に様々な解析を行い、課題の抽出や新たな発想のための材料を提供する役割

④提供された解析情報を改善施策やビジネスに活用する役割

　このようなデジタルデータを中心とした一連の役割を担う人材が「デジタル人材」であると捉えることができます。

　これを〝新たなビジネスモデル発想〟という観点から捉えれば逆の流れ、すなわち、「データの活用による、ビジネスへの応用（めざす姿の企画）」⇒「そのための活用データ、活用方法の設計」⇒「目的に即したデータ蓄積指針と方法の検討・実装」⇒「その活用と実践」という流れになるでしょう。

2 デジタル人材の要件

(1) 真のデジタルネイティブと呼ばれるZ世代

　1997年〜2012年生まれの世代を、俗にZ世代と呼びます。この世代の特徴は、生まれた時からハイスペックなインターネット環境やスマートフォンが存在し、SNSも身近なものであることなど、デジタルネイティブであることです。Z世代の若者たちは、企業においてもデジタル化時代に変革をもたらしてくれる人材として期待されています。

　一方で勘違いしてはいけないのは、デジタルネイティブだからと

いって、Z世代の誰もがプログラミングや高度なデータ解析手法に長けているわけではないという点です。もちろん技術を吸収する柔軟性という意味では分があるかもしれませんが、そこは個人差であり、この世代に期待すべき主題ではありません。

主題は、デジタルネイティブな育ち方をした、新しい価値観を持った人材が、今後の消費活動の中心的世代となっていくという点です。インターネット、スマートフォン、SNSが当たり前の社会で育ち、そこが出発点となっている彼らにとって、身体にしみ込んだデジタル技術をベースとして発想していくことは、ごく当たり前のはずであり、そのアドバンテージは大きいといえます。

もっとも、このような若者への期待はいつの時代も言われてきましたが、昨今の流れは、これまでのような連続的な時代の変化ではなく、非連続で爆発的・革命的な変化と捉えるべきでしょう。

こうした彼らの特質を理解して自社のDXを推進する人材を育成していくことが肝要です。

(2) デジタル人材の要件

ここでデジタル人材の要件について、整理を試みます。ここまで述べてきたように「デジタル技術を理解して実装するスキル」と「そこで得た情報をビジネスに展開させるスキル」、その2つがデジタル人材を定義する主要な軸となるでしょう。それぞれについて、ここでは以下の三段階でそのレベルを設定してみました。

①ビジネススキルのレベル

（ア）自身の所属する部門とその周辺に関する知見とスキルがある

（イ）自身の所属する事業とその周辺の業務に関する知見とスキルがある

（ウ）自身の所属する企業レベルでの知見とスキルがある

②デジタルスキルのレベル

（ア）デジタル技術の活用のための知識を有している

（イ）ある程度の実装ができる

（ウ）高度な実装ができる

　この2つのスキルを、求められる役割に応じてバランスよく社員に習得させることがデジタル人材育成の指針となると考えます。

3 デジタル人材の育成

(1) デジタル人材と呼ばれる人たち

　もう一度、ビッグデータを取り巻く一連の役割、すなわち「収集⇒蓄積⇒解析⇒応用」あるいは逆に「ビジネス発想⇒必要情報の設計⇒蓄積・収集⇒実践」といった機能を思い出しながら、求められるデジタル人材像について考えてみたいと思います。デジタル人材の分け方については様々な主張が発信されていますが、厳密な定義があるわけではありません。本稿では「ストラテジスト」「マネジャー」「デジタルビルダー（インテグレーター）」「データアナリスト」「プログラマー」「エンジニア」「プレーヤー（上級、一般）」の7つの役割で見ていきます。

①ストラテジスト

事業レベルで課題感と変化の方向性を見極めデジタルツールの実装によるブレークスルーがデザインできる（ビジネススキル3、デジタルスキル1）

②マネジャー

事業レベルで課題感と変化の方向性を見極め（あるいはその示唆を受けて）、業務プロセスとシステムのTo-BEを描き展開することができる（ビジネススキル2～3、デジタルスキル1）

③デジタルビルダー（インテグレーター）

その具現化のためのシステムの全体構想と適用技術を構想し、協力者を適切に見極め実現できる（ビジネススキル2、デジタルスキル1～2）

④データアナリスト

蓄積されたデータ資産を活用して、多面的な分析を行い、事業レベル、部門レベル、担当レベルの課題提起、顧客への新たな価値提供を定量的に発信できる（ビジネススキル1～2、デジタルスキル2～3）

⑤プログラマー（主にソフトウェアインストーラー）

提示されたブレークスルーの方向性に対して、ソフトウェアのプログラムを開発・実装できる（ビジネススキル1、デジタルスキル2～3）

⑥エンジニア（主にハードウェアインストーラー）

提示されたブレークスルーの方向性に対して、ハードウェア、ソフトウェアをインテグレートし、実装できる（ビジネススキル1、デジタルスキル2～3）

⑦ - 1 上級プレーヤー（トレーナ）

（ビジネススキル 1.5、デジタルスキル 1）

⑦ - 2 プレーヤー

構築された環境を活用して円滑に仕事を進めることができる（ビジネススキル 1、デジタルスキル 1）

（　　）内に表記した必要スキルレベルは大まかなイメージであり、運用には各社もう一段整理した定義が必要ですが、このように人材像を定義すれば、社内にどういった人材ポートフォリオを描いていくかが見えてくるのではないでしょうか（**図表** 8-1 参照）。

図表 8-1　デジタル人材マップ

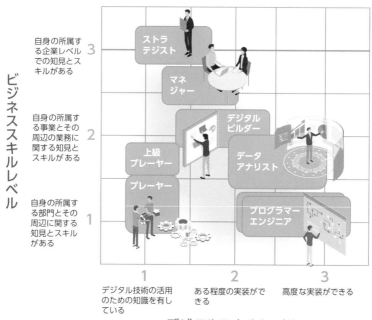

ビジネススキルレベル

3　自身の所属する企業レベルでの知見とスキルがある

2　自身の所属する事業とその周辺の業務に関する知見とスキルがある

1　自身の所属する部門とその周辺に関する知見とスキルがある

ストラテジスト

マネジャー

デジタルビルダー

上級プレーヤー

データアナリスト

プレーヤー

プログラマーエンジニア

1　デジタル技術の活用のための知識を有している

2　ある程度の実装ができる

3　高度な実装ができる

デジタルスキルレベル

(2) デジタル人材の具体的育成プロセス

　具体的にデジタル人材育成を進めるためにはやはり、ビジネススキルとデジタルスキルの両面から考えることが妥当でしょう。

　大手企業では、多くの場合、「○○変革塾」と称して、自社独自のビジネスの改革手法の習得や、デジタル技術の知見と実装力の習得をサポートする機会を設けています。ただし、デジタルスキル面に関しては、デジタル技術が日進月歩で進化し、かつ過渡期にある状況においては、いかに大企業とはいえ、内部教育だけで全てを賄うことは難しいのが現実です。外部セミナーや展示会などに参加して、そこで得た情報やプログラムを活用し、外部知見に触れ、吸収しようという試みに余念がありません。

また、デジタルスキルに関する様々な資格制度もあります。こうした資格取得の機会も積極的に活用すべきと考えます。

　ここで忘れてはいけないのは、ビジネスリテラシー向上という観点です。「**デジタル技術を自社のビジネスに転換させる力**」の向上こ**そが絶対的に必要**なのです。大手企業は従来からの教育システムを発展させながらスキル転換を図っていますが、中小企業では、土台となる教育体系が整備されていないことが多いと思います。スマートファクトリー構築をめざすのであれば、デジタル人材育成課題の検討と同時に、教育システム全体を再考することも視野に入れるべきでしょう。

図表 8-2　デジタル人材関連の様々な資格（一部抜粋）

DX	ストラテジスト	DX 検定（DX プロフェッショナルレベル）
	インテグレーター	DX 検定（DX スタンダードレベル）
	マネジャー	DX 検定（DX エキスパートレベル） DX 推進アドバイザー認定 DX 推進オフィサー認定
AI	ストラテジスト	G 検定（ジェネラリスト検定）
	エンジニア	E 資格（エンジニア資格）
	データサイエンティスト	AI 実装検定 A 級
IoT、 クラウド、 ビッグデータ	インテグレーター	IoT 検定 レベル 1 試験（プロフェッショナル・コーディネータ） IT 検証技術者認定試験エントリーレベル 1, 2
	マネジャー	IoT システム技術検定 中級
	プログラマー	Python3 エンジニア認定データ分析試験
	エンジニア	OSS-DB Silver オラクルマスターシルバー
	データサイエンティスト	Tableau 検定 （tableau desktop　SPECIALIST 試験） ウェブ解析士
	オペレーター	検索技術者検定試験 3 級（旧情報検索能力試験） 電子化ファイリング検定 B 級
SI	ストラテジスト	IT ストラテジスト
	インテグレーター	ITIL ファンデーション
	マネジャー	PMP 試験 システムアーキテクト プロジェクトマネジャー

図表 8-3　デジタル人材育成関連の様々なプログラム

対象者	DX 導入研修	DX 体験研修	管理技術研修
ストラテジスト マネジャー	DX 基礎セミナー スマートファクトリー構築セミナー マスカスタマイゼーション実現セミナー	AI/IoT × 新事業開発・ビジネスモデル革新体験研修 デジタル × アイディエーション × ビジネスモデル体験研修	経営戦略基礎研修 デザインシンキング研修 ロジカルシンキング研修 ビジネスモデル構築研修 プロジェクトマネジメント研修 原価企画研修
ビルダー エンジニア プログラマー	DX 基礎セミナー システム構築に向けた業務プロセス設計・改善研修	シーケンサー・センサー活用体験研修 MESH で学ぶデジタルツール構築体感研修	BPR 研修 システム設計要求分析研修 制御機器基礎研修
プレーヤー	DX 基礎セミナー IoT 概論セミナー IoT7 つ道具セミナー	【製造従事者向け】 IoT を活用した現場改善体感研修 デジタルを活用した作業改善体験研修 デジタルを活用した設備稼働率改善体験研修 デジタルを活用した動線改善体験研修 デジタルを活用した所在・数量管理体験研修 デジタルを活用した現場課題解決体験研修 デジタルを活用した技術・技能伝承体験研修 RPA 体験研修	【製造従事者向け】 TPM 基礎生産管理研修 品質管理研修 IE 基礎テクニックコース問題解決研修 カラクリ改善研修 調達基礎研修 生産技術基礎研修 【技術者向け】 開発力強化研修 品質機能展開研修 信頼性工学研修 設計品質向上研修 標準化研修
データアナリスト	DX 基礎セミナー AI 入門研修	統計入門研修 データ活用時代の統計基礎研修	AI 研修

4　人的リソースに制約のある
中小企業のデジタル人材育成のあり方

(1)　マネジャーとデータアナリストの育成を

　大企業は必要な人材を全方位的に採用育成することができます。一方で中小企業はそこに優先順位をつける必要があるでしょう。結論から申し上げれば、7つの役割のうち、「マネジャー」と「データ

アナリスト」の育成が最重要課題といえます。

　2つに共通しているのは、自社のビジネススキルに関する知見であり、ビッグデータをビジネスにつなげていく根幹の役割であることです。実際に仕組みを実装できるプログラマーやエンジニアがいない限り、実現しないのは確かですが、彼らに対して適切な要求仕様が提示できれば、外部リソースを活用しながら実現することは可能です。「顧客や市場のニーズをとらえたい」「工場の更なる生産性向上を図りたい」。そのために、情報の種類、粒度、タイミングなどを構想して展開する。マネジャーにはこうした要求仕様に展開できるスキルが絶対的に求められるのです。

　また、データアナリスト（あるいはデータサイエンティスト）は、BIツールを活用して多面的な分析を柔軟に行える基礎的能力から、様々なシミュレーションツールを駆使する能力、AIモデル作成と活用能力といった高度なレベルまで、求められるスキルの成熟度は幅広くなりますが、いずれにしても社の内情を理解しつつ、**自社に蓄積された様々なデータをどう処理し、可視化すれば有効なのかを考え、提言できる人材を育成すること**が中小企業のデジタル化の原動力となると考えます。

　DXの最大の目的は「D（デジタル化）」ではなく「X（デジタル化によって変革すること）」のほうです。Xの実現には、社内の業務を熟知している人材がビジネス視点で発想しなければなりません。アウトソースの効かない役割なのです。

⑵　全員デジタル人材

　デジタルをテコにし、変革を実現していくためには、経営者、管理職人材は、上記のストラテジスト、あるいはマネジャーとなるためのデジタルスキルを自ら学び、経営の舵取りに当たれるように努めるべきです。こうした姿勢が若手社員の会社への帰属意識を高め

ることや、彼らの成長欲求にもつながることになると思います。このことによって、ポジティブなスパイラルが回り始め、スマートファクトリー構築が促進されるに違いありません。そう考えると、今後の主役となる若者たちに自社のビジネス発想力とデータ活用力の醸成を行うことを一義としつつ、今後、中小企業がDXを推進し成長を遂げるには、「従業員全員デジタル人材」という目標を掲げる必要があるでしょう。

第9章

スマートファクトリー構築の展開

1 ファクトリーオートメーションから
スマートファクトリーへ

　ここまで、スマートファクトリーの概念やスマートファクトリー
イメージセル、TAKUETSU PLANT メソッドによる実装イメージ
などについて詳しく見てきました。この章では、スマートファクト
リー化が進んだ製造業の将来像について考えてみます。

　その前にまず、これまでのデジタル化のコンセプトとその流れを
振り返ってみましょう。

　日本の製造業における生産性向上や業務効率化の取り組みでは、
もともとファクトリーオートメーション、CAD ／ CAM（コン
ピュータ支援設計／コンピュータ支援製造）といったコンセプトに
もとづく、デジタル技術やコンピュータの活用が議論されてきまし
た。1990 年代後半になってパーソナルコンピュータが普及し始め
ると、オフィスには、会計、人事、生産、物流、販売など基幹と
なる業務を統合したシステムとして、ERP（Enterprise Resources
Planning）が登場しますが、価格面でのハードルが高く、導入でき
ない企業も多かったため、普及が進むまでに相当の時間を要しまし
た。デジタル化による利便性について、そのコンセプトや議論は先
行していたものの、技術面・価格面のハードルはまだまだ高く、「い
つでも、だれでも」という状態は、なかなか実現しなかったのです。

　そうした状態から 2000 年代後半に入ると、スマートフォンが登
場し、それに伴うアプリ開発や通信技術の急速な発達、データの大
容量化などとともに、技術面・価格面でのハードルが下がり、かつ
てのコンセプトは、インダストリー 4.0 やスマートファクトリー、
そしてデジタルトランスフォーメーション（DX）に形を変えて、
一気に開花するのです。

ちなみに ERP は、各事業を全社横断的に連携させることを目的とした経営管理ソリューションで、そこに多様な機能別の管理システムがぶら下がっているイメージですが、スマートファクトリーでターゲットとされているのは、さらにその下のレイヤーで、具体的には、第3章で事例を挙げたような、現場でのセンシングによる実績（ログ）の収集と解析を包含しています。

　これまでは、たとえば従業員の業務日報をシステムに入力するといった、ごく限られた範囲でしかログの収集ができず、システムに戻せる情報も限られていたのですが、今日では、IoT 端末などのデバイスそのものや、その近くに設置されたサーバでデータ処理・分析を行うエッジコンピューティングの登場によって、現場で起きていることをリアルタイムでモニターし、解析できるようになっています。このようなリアルタイムの情報が ERP と連携することで、課題がより具体的に可視化できるようになりました。

　私たちのコンサルティングでも、「コスト削減をしたい」「不良の発生を減らしたい」「在庫を適正化したい」といったクライアントの課題解決に対して最も重視しているのは、Fact Finding（正しい現状認識）です。そのためには対象となる期間のデータを提示していただく、あるいは収集する必要がありますが、現在でもそこに多くの工数と時間が必要となるケースが大半です。ログを取ってデータとして管理すること自体が、クライアントにとっては大きな手間となっているからです。第1章で述べたように、IoT やクラウド、5G・6G といった技術導入が主流となるインダストリー 4.0 においては、そうした手間も漸減し、Fact Finding に要する時間は限りなく短縮されていくでしょう。

スマートファクトリーの将来像

(1) デジタル環境が実現する新たなビジネスプロセス

今後、ものづくりのデジタル化がどのように進展していくのか。様々な可能性を想像することができますが、ここでは「電気自動車（EV）」や「アディティブマニュファクチャリング」といった新産業にアナロジーしながら、スマートファクトリーの将来像について考えてみたいと思います。

＜ソフトウェアでアップデートするデバイス＞

世界の EV 市場を牽引している米国の EV 専業メーカー、テスラモータースが展開するビジネスモデルは、自動車業界に限らず様々な点で大きなインパクトをもたらしていますが、今までの自動車と大きく異なる点は「ソフトウェアによってアップデートする車」という捉え方です。これまでの自動車は、その内部にハイスペックなテクノロジーを凝縮させており、あらゆる商品と同様に、購入時がそのスペックのピークでしたが、テスラはこの常識を覆し、ナビゲーション機能やエアコン調整、オートクルーズ、そして完全自動運転など、周辺操作から運転操作そのものに及ぶ内容まで多岐にわたるアップデートを実現しています。そのアップデート回数は 2021 年で 120 回を超えており、購入後の車が顧客ニーズに対応する形で常に進化し続けているということができます（**図表 9-1**）。

図表 9-1　従来の車との進化の違い

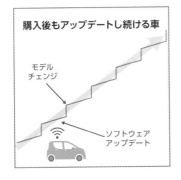

　テスラ成功の後押しをする背景としては「自動運転化の実現」という大きな社会的なテーマがありますが、その場合、周辺のデジタル技術のアップデートと歩調を合わせて急速に進化させていく必要があるため、顧客の買い替えサイクルに合わせていては、技術革新は一向に加速・浸透しません。その意味で「テスラモデル」は現代のニーズと親和性が極めて高いモデルであるといえるでしょう。

　シンプルなデバイス（車）が、環境変化に呼応して、即時同時にアップデートされ、ハードウェアの遠隔監視、運転の遠隔操作(自動運転)を実現し、そのレベルそのものも改善していく構造です（図表 9-2)。

図表 9-2　「ソフトウェアによってアップデートする車」の構造

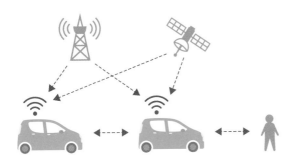

<ものづくりはどうか？　3Dプリンティングモデル>

　ものづくりの世界においても、3Dプリンターによって、同様のモデルを見ることができます。アディティブマニュファクチャリング（素材を積層または付加して製造する手法）は、従来の切削のように素材から不要な箇所を除去していく手法とは異なり、切子などのロスが生じないことや、切削では実現できなかった構造をモノコック（ワンピース）で実現できる点など、製品設計上の自由度も大幅に向上する革新的技術である点が大きな特徴として知られています。

　石膏パウダー（チョーク）、プラスチック、セラミック、金属、ガラス、砂といった多くの素材で実現され、組み合わせで使うことも可能であり、さらに研究が進んでいます。

　3Dプリンターでは、サイバー空間上で設計〜生産指示プロセスが完結します（図表9-3）。開発期間の大幅な短縮が実現し、「どこでつくるか」という制約も取り払われます。また、生産技術的な観点からは、過去の切削加工では実現できなかった複雑な製品が1個の注文から製造可能になるなど、大きな変化をもたらしています。

図表 9-3　3D プリンティングモデルのイメージ

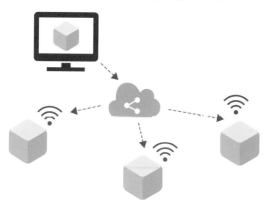

ここで着目すべきは、そのビジネスプロセスです。アディティブマニュファクチャリングによるものづくりプロセスの大半は、コンピュータ上での設計プロセスであり、そこで作成されたデータを汎用的な積層マシンと相互通信することでものづくりが実現するという点です。製品設計→工程設計→試作→ライン立ち上げ→量産→生産計画→生産指示→生産過程の管理まで、ものづくりプロセスの大半を遠隔で行うことが可能となります。こうした汎用デバイスの相互通信を前提としたモデルは、テスラモデル同様、機器の遠隔監視やアップデートもソフトウェアを介して行うことを容易にし、汎用デバイスを有する企業と容易にネットワークを構築できるようになります。

＜ワンファクトリー化　スマートファクトリーの将来像＞

　テスラと３Ｄプリンティングモデルの共通点である「汎用デバイスの遠隔操作」。これは、本題のスマートファクトリーの将来像をデザインする際に、将来像の１つの形をイメージするための一助となると思います。

　もっとも、素材から製品に仕立て上げていく過程においては、様々な特性を持った工程が連結され、作業者の柔軟な判断によってものづくりが成立しているので、生産プロセスの全てが３Ｄプリンターで実現できるというわけでありません。しかし、こうしたものづくりの機能をいくつかのひとかたまりの"装置"として捉えることができれば、そこから発信される様々なビッグデータに基づくコントロールを遠隔で行うことは十分可能でしょう。

　その"装置"にはネットワーク化された汎用設備とそこに接続した作業者が存在し、生産管理部門との間で加工指示情報や実績情報が相互にやり取りされることでものづくりが進んでいきます。機能のアップデートや状態監視、作業者のスキルセット（教育）もそう

したネットワークを介して行うことができると考えられます（**図表 9-4**）。

図表 9-4　つながるものづくり機能「One ファクトリー」

　そして「遠隔でできる」ということは、「集中管理できる」と言い換えることもでき、ものづくりのコアのデバイス（ここでは生産工程そのもの）のみを残して、それを支える様々な管理機能を各工場で保有する必要性から解放されます。その効果として、中間管理階層が不要となり、よりフラットな組織の実現が可能になります。また、複数拠点を俯瞰できることから、拠点間の負荷調整や、それぞれの拠点で発生した様々な取り組み（改善活動や、トラブル対処）を共有し、同時にアップデートすることにも役立ちます。

　こうした水平機能連携に加えて、第 7 章の個別受注生産型企業の事例でも見たように、開発設計などの上流機能と工場が連結し、タテヨコのネットワークの中で、新たな付加価値を創出する姿が、スマートファクトリーの 1 つの姿といえるでしょう。

（2）データ取得と活用のための基盤づくり

　スマートファクトリーの「ゴールは１つではない」というのが、本書のコアメッセージです。したがって、ワンファクトリーだけがゴールではないというのもその通りです。一方で、「ビッグデータを中心とした基盤の整備と、データ活用の習慣化」は、どんな方向に進化していくにせよ不可欠な取り組みであり、デジタルにより非連続な革新を推し進める第一歩であることは言うまでもありません。

　これまで見てきたように、ビッグデータを中心とした収集・蓄積・分析・統制（応用）を司る様々な技術革新やそれに伴うツール類は、これからさらに洗練され市場投入されていくでしょう。価格も安価となり、製造現場で日常的に使われているノギスやコンベックスのように、より身近なものとして導入されるようになっていくと思われます。まさに「IoT7つ道具」として浸透していくのです。

　また、ユーザーのニーズやアイデアをフィードバックしながら、ますます多様化・汎用化していくことも考えられます。各ツール間の互換性が高まり、スマートフォンのOS上でいくつものアプリが動くように、共通のプラットフォーム上で連携して使えるようになっていき、ロボティクスの進化により自動化、さらにはマシン同士の相互通信による自律化も進んでいきます。こうした"連携"の動きは、自社内にとどまらず、企業間でも大きく広がっていくでしょう。

　このように、ビッグデータを中心とした、Physical、Operation、Managementの３要素がさらに洗練され、高効率なものづくり基盤が次々と構築されネットワーク化されていく。それが近未来に実現できるステージにきていることは間違いありません。

　あらためて本書の主題に戻ると、こうした明白な流れに取り残されないように基盤整備を進める一方で、やはりこの可能性を見据え

て何を実現したいのか、そのためには自社にとって何が必要なのかという点を、**遠くのゴールを見据えてバックキャストで考えること**が大切です。同時に、**身近なゴールを設定してアジャイル的に進める**という発想とのバランスをとりながら、デジタル化を推進していくことが肝要です。経営レベルから現場レベルに至るまで、自分たちが日々遭遇している現実的な課題や困りごとと照らし合わせながら、デジタルリテラシーを高めていく必要があるのです。

　こうしたなかでは、機器を選定し、使い倒す力もさることながら、一方で情報過多となりその管理コストも右肩上がりとなることが予想されるため、問われるのはむしろ情報を捨て去る能力かもしれません。

(3) TAKUETSU（卓越）への想い

　産業の黎明期から、日本企業の生産現場では、改善活動や小集団活動が連綿と取り組まれてきました。この小さな積み重ねが、絶対的な品質を担保し、それが市場に出て「ジャパン　アズ　ナンバーワン」と呼ばれた日本ブランドを築き上げた要因でもあります。

　もともと、そうした改善を重ねて良き製品を生み出す文化の根づいた製造業の現場が、デジタルツールを上手に使いこなすことによって、性能・価格・納期ともに他を圧倒する製品を市場に安定供給することも夢ではありません。それほど、デジタルツールのインパクトは強いのです。

　TAKUETSU PLANT メソッドの「TAKUETSU（卓越）」とは、スマートファクトリー構築によって、**従来の「改善」のレベルではなく、実現が難しかった「卓越」という高みに突き抜けることも可能ではないか**という想いが込められています。今後、よりいっそうスマートファクトリー化が進み、より卓越した製造業としての脱皮を図ることで日本ブランドを復興させることを願ってやみません。

● おわりに　[特別寄稿]
スマートファクトリー時代の「良い流れ」づくり

藤本 隆宏

ツールありきの製造 DX を超えて

　このたび、日本能率協会コンサルティング編による『スマートファクトリー構築ハンドブック ― 50 のイメージセルがものづくり DX を具体化する―』が出版されました。明確な経営課題や戦略、全体最適の「付加価値の流れづくり」という本質論に基づいた、本来あるべきスマート製造のあり方を示した著書であると思います。その観点から、一人のものづくり経営学者としての私見を述べたいと思います。結論を先に言うなら、この本は、技術やツールありきではなく、ものづくり経営の根幹から出発する、王道的なスマートファクトリー論だと私は考えます。

　近年、スマートファクトリー、製造 DX、製造 IoT、デジタル製造など、大量データの収集と処理に基づくデジタル技術の進化が加速化し、製造業でもその活用が重要課題とされています。しかし、こうした新技術や新ツールの登場と普及は、たいてい、産業の正常進化という側面と、一時的流行という側面、この両方を伴うのが、歴史の示すところです。昨今の製造 DX ／ IoT なども例外ではないでしょう。

　こうした新機軸の流行が来て、流行が去ると、その後には必ず、いわば「真水の進化の部分」が残り、それが長期の産業進化につながります。しかしその間に、個々のツールの流行に振り回されて右往左往し、無駄なエネルギーを使いながら成果は不十分といった企業や現場も多くみられる――これが、年平均で数十カ所の製造現場

を見て回る実証社会科学者である私の率直な印象です。

　たとえばここ数年、かなり先進的な工場でもよく聞かれたのは、「経営陣からは、うちも遅れずに製造 IoT ／ 4.0 ／ DX をやらねばいかん、センサーを付けてとにかくデータを溜めろ、活用しろ、成果を出せ、と急かされるのですが、指示の方向性がよくわからないので、とりあえずデータをとって、自分の持ち場の稼働率を上げるようにしています」というような話でした。実際、初期の先行事例群を眺めてみても、「とりあえず個別工程の稼働率向上を」という、言ってみれば「怒られないための部分最適のデジタル化」に近いケースが多く見られました。

　しかし、流行に遅れないために先端的なデジタルツールや機器を買って並べたとしても、その間に付加価値（それを担う設計情報）の「良い流れ」が存在しなければ、このデジタル化計画は、残念ながら失敗の公算大でしょう。理由は簡単。産業とは結局「付加価値の流れ」であるからです。よって、強い産業は、技術のハコの寄せ集めだけでも、ツールの寄せ集めだけでも成立しない。すなわち、顧客価値や経営戦略と直結する「付加価値の全体最適の流れ」が意識されていない「デジタル化のためのデジタル化」では、多くの場合、うまく行かないのです。

　実際、2010 年代の後半、デジタル製造関連の新技術・新手法が国内外で続々と出てきた時の、日本の多くの（先進的な）製造大企業の当初の反応は、やや流行に振り回されたものであり、経営側からは明確な指針の無い「遅れるな、とにかくやれ」との号令、現場側は「とりあえず怒られない、部分最適のデジタル化を」という受け身的な反応がよく見られたのです。

　一方、中小企業ではそもそも、「そんな先端技術を入れる資金はない」という否定的反応が多かった。実はドイツでも、中小中堅企業は「インダストリー 4.0」に懐疑的なところが多かったのです。

無理に資金投入して流行りものに飛びつくよりは賢明だったと思います。が、かといって、このままずっと何もしないというわけにはいかないでしょう。さてどうするか。お金をかけない「全体最適のスマート・サプライチェーン」が必要となるようなケースも増えてくるでしょう。

全体最適の「流れ」を作るスマートファクトリー

とはいえ、2020年ごろになると、日本の先進的な企業や現場の中では、本質論に立脚した、より全体最適指向で戦略的なスマート製造・デジタル製造を試行するところが徐々に増えてきました。すなわち、①現場レベルでは、継続改善による生産性・リードタイム・品質の同時向上、②工場・サプライチェーン・レベルでは、複雑な付加価値の良い流れをリアルタイムで実現する全体最適指向、③経営レベルでは、顧客価値指向の明確な経営方針と連動するデジタル製造戦略の確立。この3つがダイナミックに連動する、地に足の着いたスマートファクトリー構築が、先端の部分では始まっています。実際には、そうした先行企業が一歩前に進んだ分、発想や取り組みがそこまで行っていない「とにかくやれ」的企業や、「とにかくやらん」的企業との差は開いているのかもしれません。

本書は、そうした現状認識を踏まえて、地に足の着いた、より積極的・戦略的・全体最適的なデジタル製造、スマートファクトリーへの道を、先行する企業の事例を交えながら、丁寧に手順を追って示していると私は考えます。たとえば、本書の第2章では、3層構造でのデジタル改革の道筋が提示されていますが、下から順に、第1層（課題解決領域）は個々の現場層における生産性などの継続改善、第2層（最適化領域）は工場内・工場間の「顧客へ向かう付加価値の流れ」の全体最適化、第3層（価値創造領域）は顧客価値を

中心に置いた経営戦略の明確化が、スマートファクトリー化の基本であるとされます。また、本書の第3章にある「7つ道具」（位置・作業・場面・数量・危険・稼働・品質）は、「顧客へ向かう付加価値の流れ」の7つの側面を示していると見ることもできます。

　私個人的には、第2層の「付加価値の流れの全体最適化」をめざす「最適化領域」が特に重要だと考えます。すでに述べたように、経営者は「とにかくやれ」、現場は「とりあえず部分最適」と、双方が受け身でバラバラなケースを見ると、経営層（第3層）と現場層（第1層）をつなぐ第2層において、「顧客へ向かう付加価値（設計情報）の流れの全体最適化」という「ものづくり経営学」の基本概念（トヨタ生産システムの基本理念でもある）が、経営側と現場側で共有されておらず、結果として、デジタルツールありきの「とりあえずの製造DX」になってしまっていることが多かったのではないでしょうか。

　これに対して、顧客価値指向の経営、工場内・工場間の「流れ」の全体最適化、各現場の継続的な流れ改善、この3つを同時に強化し連動させることが、流行に振り回されず、部分最適に陥らず、地に足の着いた「勝てるスマートファクトリー」への道だと私は考えます。そしてこの本は、そうした全体最適の「良い流れ」の継続進化をめざす、本来あるべきスマートファクトリー戦略の指南書になっていると私は考えます。

デジタル化と「上空」「低空」「地上」分析

　ここで、2020年代におけるデジタル製造の全体像を再確認しておきましょう。

　私は、20世紀の産業構造の変化を、「上空」「低空」「地上」の三層構造のアナロジーで分析するようにしています（**図表**）。

図表　デジタル化時代の日本のものづくり戦略

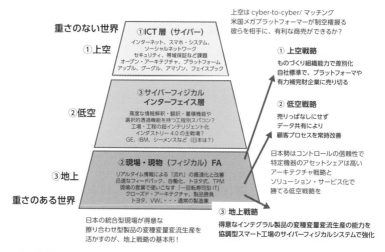

© 藤本隆宏

　「上空」はインプットもアウトプットも情報で、質量がなく、物理法則が働かないサイバー空間であるため、設計思想的には、標準インターフェイスで製品や部品を連結する「オープン・モジュラー型」アーキテクチャのシステム・財・サービスが多いです。また、標準インターフェイスを介したネットワーク効果を生かしたプラットフォームが発達しやすく、実際、2010年代には、GAFAなどアメリカなどのメガプラットフォーマが、特に消費財系のプラットフォームビジネスを占拠し、日本勢は「上空」の制空権を海外勢に握られてしまいました。

　一方「地上」は、もともと自動車など日本の有力企業が強かったところで、質量のある物財的な製品、特にエネルギー・環境・安全制約などが厳しく物理法則が強く働く製品では、日本が得意なクローズド・インテグラル型アーキテクチャ、すなわちカスタム設計部品を多用する最適設計の複雑な擦り合わせ型製品やその部品が国

際競争力を持つ傾向がありました。小型高性能自動車はその典型例
です。

　最後に「低空」は、2010年代に発展してきたレイヤーで、上空
のサイバー空間と地上のフィジカル空間を連結するインターフェイ
ス層です。ここは、上空と常時接続し、地上ともリアルタイムに接
続する「サイバーフィジカルシステム（CPS）」を伴うのが基本です。
実際、2010年代に出てきた、IoT、インダストリー4.0、デジタル
ツイン、Society5.0などは、いずれもこの低空層と深い関係を持っ
ています。

　この3層構造の中で、日本企業は、「地上」における得意領域で
は国際競争力を発揮し、とりわけ高性能自動車、高機能産業財、高
機能材料・部品などでは高いアセットシェアと顧客信頼関係を得て
きました。こうした、日本の製造業が厳しいグローバル競争の中で
維持してきた強みを活かして、デジタル化時代に新たな国際競争力
を獲得するのが、2020年代の日本企業の上空・低空・地上戦略の
要諦です。

　具体的な話は他に譲りますが、簡単にいえば（**図表**）、①上空戦
略の例は、現場のデジタルものづくり能力も活かして、メガプラッ
トフォーマ（GAFAなど）やその補完財企業を相手に自社標準で
部品や生産設備を売り切る「中インテグラル・外モジュラー」型の
ビジネスで、既にスマホ向けの高機能電子部品などに成功例があり
ます。

　②低空戦略の例は、これも過去に蓄積したアセットシェアと顧客
信頼を活かして、顧客やライバルとアセット操業データを共有する
データ・プラットフォームを形成し、顧客プロセスを勝たせるソ
リューションビジネス（サービス化）を仕掛けることです。これも
産業財分野で日本企業の成功例が出始めています。

　③地上戦略の例は、日本の製造業が「設計の比較優位」を持って

きた複雑な擦り合わせ型（インテグラル型）製品で必要とされがちな「変種変量変流生産」、たとえば異なる類似部品を、分岐合流のある生産ラインで、10、100、300、5、といった不規則なロットサイズで流すような製品・部品において、デジタル技術も人的な現場力も両方駆使して、「良い設計の良い流れ」（高生産性・短納期・高品質）を持つ生産ライン、さらには協調型スマート工場を実現し、世界から「面倒くさい製品・工程」の仕事を受注し生産することです。こうした変種変量変流生産では、1時間後、数時間後にどこにボトルネック（生産の隘路）が発生するかわからないので、時空を超えるサイバーフィジカルシステムやAIと、経験値の高い日本の多能工チームが一緒になってやりくりする「協調型スマート工場」が有効であるとみられます。

　逆にいえば、上空・低空・地上、いずれの場合も、またグローバルな大企業であれ地場の中小企業であれ、2020年代のデジタル製造戦略のポイントは、自社が関与する上空・低空・地上戦略を明確に意識し、他社や他国に対して競争優位、差別化、参入障壁などを確保できる見通しを企業として読み切ったうえで、商機のある「勝てるデジタル化」をめざすことだと私は考えます。

「勝てるデジタル化」で商機をつかむ

　このように、2020年代の今、必要なのは、全体最適で顧客価値につながる「付加価値の良い流れ」を構築するスマートファクトリーだと私は考えます。そして実際に、2020年代においては、日本企業や国内製造業にとって（依然として弱点や脅威は多く存在するものの）、その方向へ向けてのチャンスも増えてきています。

　第1に中国などの賃金高騰。冷戦終結後の約30年間、日本の貿易財製造業は、当初は中国などに比べ20倍近い賃金ハンデを背負

い、現場の生産革新で生産性を大幅に上げないと国内で存続不可、また生産性を上げても賃上げは無理、というデフレ状況の中で苦闘してきました。しかし、中国の人件費が（2005年頃から）上昇に転じ、日本の3分の1以内に接近するこれからは、「日本でも生産性を上げればその範囲内で賃上げが可能」という「新しい」資本主義（実は多くの面で原点回帰だが）の脱デフレ局面に入りつつあります。

　第2に、新型コロナ・パンデミックが続く中で、ロックダウンもクラスターも少なく、納期遵守の信頼性も高い日本の優良国内工場に対する海外需要家の評価は（コストハンデが縮小したこともあり）高まる傾向があります。実際、半導体関連設備の国内工場などでは、感染拡大下でも2020年からフル操業が続いています。

　第3に、前述のように、人口シェアがものをいう消費財系プラットフォーム（たとえばスマホやインターネットサービス）では奮わなかった日本企業も、過去に蓄積されたアセットシェアや顧客信頼関係が活かせるBtoB（生産財）のデータ・プラットフォームでは、メガプラットフォーマに対しても勝機が出てきます。

　このように、2020年代の日本の製造業には、およそ30年ぶりのチャンスも出てきていますが、これらすべてにおいて、勝つための前提条件は、設計の比較優位を持つ「複雑な擦り合わせ型製品」「面倒な変種変流変量生産」などで、生産性・納期・品質の競争力を同時に高め、その競争優位を堅持するための、作業集団とAIなどが連動する「協調型スマート工場」である、と私は考えます。

　むろん、読者の皆様の多くが関与する日本の製造企業には、グローバル大企業も中堅企業も中小企業もあり、そこには、変種変量変流工程も、多品種平準化工程も、大量生産工程も、一品一様生産の職場もあります。国内工場・海外工場・サプライヤーを巻き込む国内外サプライチェーンも絡んできます。そして、それらすべてが、デジタル製造の機会と脅威に直面しています。

しかし、そのいずれの場合であっても、今後の日本の製造業が「顧客へ向かう良い設計の良い流れ」というものづくり経営の原点に立ち返り、生産性向上・リードタイム短縮・品質向上を同時に達成し、競争優位と安定雇用（そして今後は所得向上も）を同時に確保すること、つまり「ものづくり革新」「流れ改善」を行うことの重要性は、前述のようなグローバルな状況変化の中で、むしろ高まっているのです。

　従って避けるべきは、「これからはものづくりではなくデジタル化だ」という誤った二律背反思考に陥り、結果として、ツールありきの「デジタル化のためのデジタル化」という迷路に迷い込むことです。進むべきは、「顧客へ向かう良い設計の良い流れ」を作るためにデジタル技術・ツール・システムを総動員する、「デジタルものづくり」の王道です。そして 2020 年代は、そうした「デジタルものづくり」、つまりデジタル化による「付加価値の良い流れづくり」が、利益向上、雇用安定、従業員所得向上に同時につながるチャンスが増えてくる時代です。

　本書は、そうしたチャンスのある時代において、日本製造業を、戦略的で全体最適指向のスマートファクトリー構築へと導く指南書となりうると私は考えます。

東京大学名誉教授

早稲田大学教授

日本能率協会コンサルティング エグゼクティブアドバイザー

藤本 隆宏

● 著者紹介

毛利 大 (もうり だい)

株式会社日本能率協会コンサルティング　デジタルイノベーション事業本部
本部長／シニアコンサルタント

事業会社での実務経験を経て 1997 年 JMAC に入社。新工場建設支援、サプライチェーン再構築支援等、経営課題と直結する生産システムのトータルな改革支援が主な領域。昨今のデジタル技術の進展に伴い、スマートファクトリー構築、ものづくりデジタル化に関する研究およびコンサルティングに従事している。本書の考え方の基盤にある、自社に最適なスマートファクトリー化を実現する手法「TAKUETSU PLANT Design Method ～ JMAC スマートファクトリー構築の進め方」は、2020 年度全能連マネジメントアワードで大賞を受賞した。

神山 洋輔 (かみやま ようすけ)

株式会社日本能率協会コンサルティング　デジタルイノベーション事業本部
DX コンサルティング推進室長／シニアコンサルタント

2008 年 JMAC に入社。ものづくり企業における生産システムのトータルデザインを主なテーマとして企業支援を行う。生産戦略立案から業務プロセス設計、現場改善、成果創出まで、一貫したコンサルティングを行っている。近年は企業のデジタル化推進やスマートファクトリー構築プロジェクトに多数の参画実績がある。

株式会社日本能率協会コンサルティング (JMAC)

日本能率協会コンサルティングは、1942 年に設立された日本初の経営コンサルティングファーム。戦略・R&D・生産・オペレーション・IT 等、日本内外の企業に対し、年間 2,500 以上のコンサルティングプロジェクトを展開する総合コンサルティングファーム。特に製造業支援に強みを持つ。

スマートファクトリー構築ハンドブック
50のイメージセルがものづくりDXを具体化する

2022年4月30日	初版第1刷発行
2024年8月30日	第3刷発行

著　者　——　毛利大、神山洋輔　著
　　　　　　　株式会社日本能率協会コンサルティング　編
　　　　　　　ⓒ 2022　Dai Mouri , ⓒ 2022　Yosuke Kamiyama

発行者　——　張士洛

発行所　——　日本能率協会マネジメントセンター
〒103-6009　東京都中央区日本橋 2-7-1 東京日本橋タワー
TEL　03(6362)4339(編集)／03(6362)4558(販売)
FAX　03(3272)8127(編集・販売)
https://www.jmam.co.jp/

装　　丁	—— 冨澤崇（EBranch）
編集協力	—— 株式会社アプレ コミュニケーションズ
印刷所	—— シナノ書籍印刷株式会社
製本所	—— 東京美術紙工協業組合

ISBN 978-4-8207-2976-1　C 3034
落丁・乱丁はおとりかえします。

PRINTED IN JAPAN

動き出すデータドリブン組織のつくりかた
Tableau Blueprintに学ぶ実践的アプローチ

山﨑淳一朗、徳谷有三、荒木和也、福田恭幸、木村雄基、鷹雄健、小野甫 著
A5判並製／192ページ

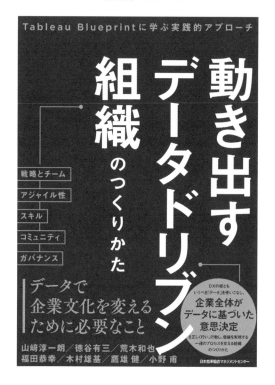

DX化の成功が16％と言われる今日において、"動き出すデータドリブン組織"をつくるために必要なこととは？　DXの礎ともいうべき「データ」を使いこなし、企業全体がデータに基づいた意思決定を正しく行い、行動し、価値を実現する一連のプロセスを支える組織のつくりかたを紹介する1冊。

図解 DX時代のPLM／BOMプロセス改善入門
デジタル化 段階別課題解決のアイデア100

三河進 著
A5判並製／248ページ

PLM／BOMに対する企業の注目度、投資意欲は相変わらず高い。単なる従来どおりのIT導入やプロセス改善を示すものではなく、まずDXとは何かを明示し、そのコンセプトに沿ったDXプロジェクト推進で知っておくべきことを、問題解決事例として解説する1冊。

JMAMの本

デジタル×生命知がもたらす未来経営

心豊かな価値創造を実現するDX原論

松田雄馬、浅岡伴夫 著
A5判並製／472ページ

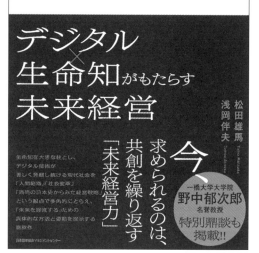

生命知を大きな柱とし、デジタル技術が著しく発展し続ける現代社会を「人間組織」「社会変革」「商売の日本史からみた経営戦略」という観点で多角的にとらえ、「未来を経営する」ための具体的な方法と道筋を提示した1冊。一橋大学大学院　野中郁次郎名誉教授との特別鼎談も掲載!!